죽음을 알면
삶이 자유해진다

차례

\# George G. Ritchie. *Return from Tomorrow*.
   (저자)   (책제목)

(Minneapolis Minnesota. Chosen Books. 2007) PP125-127
  (출판사 위치)   (출판사명) (출판년도) (참고 또는 인용한 곳)

\# Ibid. p98
 (직전의 책)

\# Jeffrey Long. *God and After Life*. Ibid. p63
    (한 저자의 다른 책을 표기할 때 사용됨)

Bruce Greyson, Ibid. pp127-128; <u>Aldous Huxley, The Door of the Perception, (Harper & Row, 1954)</u>
(밑줄 부분은 인용한 Greyson의 책에서 저자가 인용한 출처를 밝힘)

사람의 시각은 지평선을 넘지 못하고 사람의 청각은 벽을 넘지 못한다. 그러나 사람의 생각은 은하계를 넘고 우주의 끝자락을 넘나든다.

프랑스의 철학자요 수학자, 물리학자였던 파스칼(Blaise Pascal, 1623~1662)은 *인간은 자연 속에서 가장 연약한 한 포기 갈대에 지나지 않는다. 그러나 그는 생각하는 갈대이다.*라고 하여, 인간은 신체적, 존재적으로 연약하기 그지없지만, 생각할 수 있는 능력을 가졌기에 존귀하다고 했다. 그리고 이성과 자아 성찰, 또한 창의성과 철학적 사고를 통해 자신의 연약함을 인식할 뿐만 아니라, 우주와 존재의 의미를 탐구할 수 있다고 했다.

14세기 이탈리아의 마르코 폴로가 쓴 동방견문록은 탐험가 콜롬버스에게 미지의 세계에 대한 생각을 품게 하여 신대륙을 발견케 했고, 20세기 초 라이트 형제의 하늘을 날고픈 꿈과 생각은 불과 40여 년도 안 되어 인류에게 하늘길을 열어 주었다.

구소련 벨라루스 출신 미국의 작가였던 아이작 아시모프(Isaac Asimov, 1920~1992)는 생화학자로서 보스턴 의대 교수였다. 그는 2차 세계 대전의 참혹함을 보면서 인간 사회의 장기적인 미래와 문명의 지속 가능성에 대한 위기 의식을 느꼈다. 그리고 과학과 합리적 사고가 인류를 어떻게 지속시킬 수 있는지를 탐구하려 시도했다. 특히 한 문명이 쇠퇴할 때 어떻게 또 다른 문명을 이룰 수 있는가를 지구가 아닌 우주를 배경으로 생각하기 시작했다. 그리하여 그는 「Foundation Series」라는 공상과학 소설을 쓰게 되었다. 그리고 당시에 여러 공상과학 소설가들이 미래의 기계문명은 로봇을 중심으로 한 새로운 세계를 만들 것이고, 인간이 만든 로봇은 결국 비극을 초래할 것이라고 하는 부정적인 전망들이 점점 증폭되고 있을 그 시기에, 아시모프는 반대로 로봇은 윤리적이고 논리적인 존재로 기능할 수 있다는 새로운 관점을 제시하려고 「Robot Series」라는 소설을 써서 인간과 기계의 공존, 기술의 윤리적 사용, 그리고 사회적 변화에 대한 철학적 해법을 제시했다.

그런데 그로부터 70여 년이 지난 지금 세계 선진국들을 중심으로 우주개발과 휴머노이드 로봇(humanoid robot: 인간형 로봇) 개발에 치열한 경쟁을 벌이고 있고 엄청난 결과를 만들어 내고 있는 것이 현실이며 이것이 과연 우연의 일치라고 볼 수 있을까?

프랑스의 고생물학자요 철학자이면서 예수회 신부였던 피에르 테이야르 드 샤르댕(Pierre Teilhard de Chardin1881-1955)은 1950년대에 「누우스페어」(Noosphere)라는 새로운 개념을 세상에 발표했다. 우주와 세계의 진화는 지질권(Geosphere) 즉, 암석, 대기, 해양과 같은 무기물질의 영역에서 생물권(Biosphere) 즉, 식물, 동물, 미생물과 같은 생명체가 출현한 영역으로 진화하고, 다음은 「누우스페어」(Noosphere) 즉, 인간의 사고나 의식이 만들어 낸 정신적 지층으로 진화하는데 이는

　죽음을 알면 삶이 자유해진다

전지구를 둘러싸는 정신적 지층이 될 것이라고 했다. [1]바로 오늘날 인터넷 망을 통해 전세계가 하나로 통합되는 상황을 이미 예견한 것이라고 볼 수 있다.

이러한 생각과 상상의 선구자들은 이들뿐이 아니었다. 영국의 아서 C. 클라크(Arthur C. Clarke 1917-2008), H. G. 웰스(H. G. Wells 1866-1946), 그리고 미국의 레이 브래드버리(Ray Bradbury 1920-2012), 필립 K. 딕(Philip K. Dick 1928-19820) 등은 벌써 오래전에, AI가 지배하는 가상 사회, 그리고 생명공학의 발달, 인터넷과 가상 현실(METABUS)세계, 디지털 감시사회, 우주 개발 등의 개념들을 그들의 소설과 글을 통해 발표했었다. 그런데 공상과학 소설이나 이론이었던 그들의 얘기들은 불과 수십 년 만에 지금 현실로 나타나고 있다. 정말로 놀라울 뿐이다.

그렇다면 과연 그들이 가졌던 그 생각은 단지 특출한 지능을 가졌던 사람들의 뇌작용에서 비롯된 것일까? 아니면 우연의 일치로 그들의 생각들이 수십 년이 지난 지금 현실로 나타나는 것일까? 만약 우연의 일치가 아니라면 과연 영감(Inspiration)이라는 세계가 있는 것일까? 그리고 그 영감은 어디서 오는 것일까?

일본을 대표하는 과학자 중의 한사람인 다사카 히로시(田坂広志, 1951-)는 지난 25년 동안에 100권이 넘는 책을 썼다. 그리고 그가 다룬 지식의 영역들을 보면, 「양자 물리학」「철학」「변증법」「우주론」「미래학」「정보혁명」「자본주의 비판」「전략전술」 등과 같은 광범위한 영역에 관해 전문적인 책을 집필한 천재적 능력을 가진 저술가요 과학자이다. 그러한 그가 이렇게 말했다.

실제로 동서고금을 막론하고 지금까지 세상에 등장했던 천재라고 불린 사람들은 과학이나 기술, 학문이나 연구, 예술이나 음악 등 분야와 직업을 불문하고 그 창조적인 아이디어와 발상이 어디에서 나왔는지를 물으면, 예외가 없다고 말해도 좋을 만큼 모두 어딘가에서 내려왔다. 그리고 하늘의 계시처럼 받았다.[2] 라고 한다는 것이다.

이처럼 놀라운 창작적 능력을 가진 사람들 스스로가 자신들의 사고가 외부에서 받은 영감이라고 말했다면, 지금까지 알고 있는 뇌는 곧 의식이고 사고의 근원이라고 믿는 공식에 대해 한 번쯤은 의심해 보는 것이 이성적이라 할 수 있을 것이다.

사람의 생각의 심원을 논한다면 우리들은 당연히 사람의 인체를 과학적으로 연구 분석하는 의학적 연구결과를 가장 보편적이고 신뢰받는 정설로 받아들이는 것이 일반적이다. 의학의 분야인 신경과학에서는 사람의 생각과 상상력은 단일 뇌 영역이 아닌, 기본 모드 네트워크(Default Mode Network, DMN)[3], 살리언시 네트워크(Salience Network),[4] 그리고 중앙집행 네트워크(Central Executive Network) 등 여러 대뇌 네트워크의 상호작용과 조절을 통해 생성되며, 특히 살리언

....

2 다사카 히로시. 죽음은 존재하지 않는다. 김윤영역. (서울. 소미미디어. 2024) pp.144-146. 히로시는
   동경대학과 대학원에서 원자력 공학 박사를 취득했다. 일본은 물론 미국과 영국의 연구소, 대학에서
   강의를 했고 세계적인 기업체에 지대한 공을 세운 과학자이다.

3 뇌가 외부 자극에 집중하지 않고 내면에 몰입할 때 활성화되는 네트워크이다.

4 뇌에서 중요하거나 두드러진 자극을 감지하고, 주의와 행동 우선순위를 결정하는 핵심 네트워크이다.

시 네트워크는 상황에 따라 기본 모드(Default Mode Network) 와 중앙집행 모드(Central Executive Network)[5]의 전환을 조절하며, 이들 네트워크의 협력이 창의적 사고와 상상력, 자기 성찰 등에 중요한 역할을 한다고 보고 있다.[6]

그러나 또다른 영역의 의학적 연구에서 생각의 근원은 뇌작용에 있지 않고 또다른 차원의 세계에 있음을 증언하고 있다.

영국을 대표하는 신경정신과 전문의 피터 펜윅(Peter Fenwick)은 *사람의 뇌는 의식을 전달하지만 생성하지는 않는다.*[7]라고 했다. 일부의 의식은 뇌에 저장되어 있지만 더 방대한 의식은 뇌의 외부에 포괄적이고 어떤 면에서 범 우주적 영역에 있음을 시사했다.[8]

그러므로 오늘날 많은 전문가들은, 사람은 뇌사 상태, 혹은 죽음 후에도 생각과 의식이 존재한다고 주장하고 있다. 그 대표적인 학자는 네덜란드의 심장전문의 Pim Van Lommel, 하버드 의과대학 신경외과 전문의 Eben Alexander, 버지니아 대학 정신과 전문의 Raymond Moody, 켄터키주 성 요셉 병원의 방사선 종양과 전문의 Jeffrey Long 등, 많은 학자들이 있다.

---

5   외부 정보 처리와 집중력, 문제 해결, 의사결정과 같은 인지적 과제 수행 중 활성화된다.

6   https://www.frontiersin.org/journals/neuroscience/articles/10.3389/fnins.2025.1599987/full.
     https://journals.plos.org/plosone/article?id=10.1371/journal.pone.0162234.
     https://www.med.stanford.edu/content/dam/sm/scsnl/documents/Neuron_2023_Menon_20_years.pdf

7   Larry Dossey. *One Mind. How our individual mind is part of a greater consciousness and why it matters.* (Carlsbad, CA. Hay House, 2012) pp 83-84.

8   Ibid.

만약 이러한 뇌사 후의 의식의 존재를 과학적으로 증명할 수 있다면, 종교적 영역에서만 언급되어 왔던 영혼의 실체에 대해 우리는 보다 보편적인 믿음을 갖게 될 것이다. 그런데 놀랍게도 이러한 과학적 그리고 의학적 연구는 이미 1970년대 중반부터 지금까지 무려 50여 년 동안 지속되어 왔고 그동안에 수많은 자료가 축적되어 이제는 당당한 의학적 연구의 한 분야를 차지하고 있다.

사람의 생각은 뇌작용으로 일어나는 것이 아니라 또 다른 심연에서 비롯된다는 사실은, 바로 우리가 앞에서 언급한 특출한 사람들의 예언적 혹은 예지적 생각들이 한 세대 혹은 두 세대를 지나 현실로 나타나는 것 또한 그 증거가 될 수 있다고 생각한다.

그리고 이러한 사람의 의식이나 생각이 뇌사 후에도 존재하며 명백하게 그 사실이 입증이 되고 그 내용이 구체적이고 현실적이라면 우리는 육신이 죽은 사후의 세계와 삶을 엿볼 수 있다는 논리적 결론에 도달하게 된다.

이러한 연구와 추구로 우리는 그토록 일평생 우리 곁에서 우리의 삶을 절대적으로 지배하며 우리를 급박해 오던 죽음에 대한 이해에 변화를 갖게 될 것이고 이는 삶의 질을 개선하는 데 중요한 작용을 할 것이다. 그뿐 아니라 기독교를 비롯해 많은 종교에서 학습해온 사후세계의 존재와 우리 영혼의 영속성에 대한 확고한 믿음의 근거가 될 것이다.

나는 의학자나 그 분야에 대단한 지식을 가진 전문가도 아니다. 그러나 젊은 날 한때 경험했던 너무나도 무서운 죽음의 공포에 대한 트라우마로, 그리고 무엇보다 중년을 지나면서 겪었던, 죽지는 않지만 죽을 것 같은 질병인 공황장애를 오랫동안 겪으면서, 죽음에 대한 생각을 조금 더 많이 하면서 살아왔던 것 같다. 그러던 중 삶과 죽음을 늘 접하며 일하는 직업을 가진 의사들 중에 죽음을 연구하는 사람들이 많이 있다는 사실을 알게 되었고 그들이 연구한 깊이 있는 내용을 접하면서 새로운 세계에 눈을 뜨게 되었다. 수년동안 이 분야를 공부하면서 죽음에 대한 나름대로의 확고한 이해를 정립하게 되었고 그 결과 먼저 나 자신이 그 무서운 질병에서 벗어나게 되었다.

그렇기 때문에 이 책의 내용은 나의 특별한 연구 결과나 특출한 경험을 기초로 쓴 것이 아니라 그동안에 읽고 배운 내용들을 편집 정리한 것이라고 할 수 있다. 나의 작은 노력을 통해 독자들이 일일이 자료를 찾아보고 많은 책들을 읽지 않아도 되도록 도움을 드리기 위해 이 책을 쓰게 되었다.

그리고 인용구나 핵심되는 내용에는 일일이 각주를 통해 그 출처를 밝혔고, 이 분야에 더 많은 관심을 갖고 살펴보기를 원하는 분들을 위해 그동안에 읽고 참고했던 대부분의 서적들을 참고 문헌에 첨부했다.

부디 나의 저은 노력을 통해 과거에 내가 경험했던 것 같이, 또한 성경에서 정의를 내린 것처럼, *죽기를 무서워하므로 일생에 매여 종 노릇하는 모든 사람들…. (히2:15)*에게 적은 부분이지만 나와 같은 자유를 선물하고 싶은 심정으로 이 글은 쓴다.

- 2025년 저자 -

제1장

낯설기에 두려운 죽음

　미물인 동물들도 낯선 곳은 두려움을 느끼고 잘 가지 않는다. 하물며 만물의 영장인 사람으로서 우리가 낯선 환경에 두려움을 느끼는 것은 인지상정일 것이다. 물론 탐험을 즐기는 사람들도 있지만 그들이라고 낯선 환경을 두려워하지 않는 것은 아니다. 기록에 의하면 탐험가 찰스 다윈은 비글호를 타기 전에 항상 두려움 때문에 심한 공황장애를 앓았다고 한다.[9] 죽음은 누구나 언제든지 만날 수 있는 현실이지만 우리 모든 사람은 한번도 경험하지 않았기에 더 큰 두려움을 느끼는 것이다.

　세기의 극작가 셰익스피어의 역작인 「햄릿」 3막 1장에 나오는 우리에게 익숙한 유명한 문장이 있다. 햄릿은 선왕이었던 아버지의 유령이 나타나서 삼촌 클로디어스가 자신을 살해하고 왕좌를 찬탈했다는 사실을 알려주어 진실을 알게 되었다. 아버지의 유령은 햄릿에게 복수를

9　https://darwin-online.org.uk/

요구했지만 햄릿은 복수의 정당성과 방법을 두고 깊은 고민에 빠졌다. 그리고 이렇게 고백을 한다.

존재할 것인가, 존재하지 않을 것인가, 그것이 문제다. 불운의 화살과 돌팔매를 마음으로 견뎌 내는 것이 더 고귀한가? 아니면 고난의 바다에 맞서 무기를 들고 싸워 그것을 끝내는 것이 더 고귀한가. 죽는 것, 잠드는 것, 그뿐이다. 잠듦으로써 마음의 고통과 육신이 겪는 수천 가지 자연의 충격을 끝낸다고 말할 수 있다면, 그것은 열렬히 바랄 만한 결말이다. 죽는 것, 잠드는 것, 잠들어 꿈을 꿀지도 모른다. 아, 거기에 걸림돌이 있다. 죽음이라는 잠에서 어떤 꿈이 올지, 이 필멸의 고리를 벗어던졌을 때 무엇이 다가올지. 그것이 우리를 망설이게 한다.[10]

햄릿이 죽음 뒤에 무엇이 있는지 그 불확실성 때문에 아버지에 대한 원한의 복수를 망설이며 고뇌했던 것은 우리 모든 사람이 일생 살아가면서 갖는 공통된 고뇌일 것이다. 햄릿과 같이 죽음을 요구하는 정의롭고 고상한 결단이 아니드래도 우리는 삶의 고통과 종종 피할 수 없는 고립된 환경 때문에 때때로 죽음을 생각하며 살아간다.

그러나 낯선 환경이 익숙한 환경으로 바뀌어질 때 우리는 안도감과 평안함을 느끼게 되는 것처럼 죽음 역시 어떤 방법이나 이유로든 익숙한 현상이 된다면 우리의 죽음에 대한 두려움은 필히 감소할 것이다.

죽음은 문화와 시대와 인종을 초월해서 그 누구도 생각하고 싶지 않은 하나의 금기어 같은 단어이다. 그러나 아이러니하게도 언제나 어디서나 나의 곁에 가까이 있는 것이 또한 죽음이다. 그리고 사실상 이 세

---

10 https://myshakespeare.com/hamlet/act-3-scene-1-full-scene-modern-english

상의 모든 사람은 누구도 예외 없이 언젠가는 만나야 하고, 매일 매 순간 한 걸음씩 가까이 다가갈 수밖에 없는 것 또한 죽음이다. 이러한 죽음은, 가까이하기를 원치 않음에도 불구하고 우리의 일생 중에 몇 차례는 아주 가까이 예기치 않게 다가올 때가 있다.

내가 죽음을 만났을 때 (1)

우리 모두는 살아가면서 잊을 수 없는 죽음의 공포를 느꼈던 순간들이 있다. 나에게도 그런 날들이 있었다. 그리고 그 기억은 평생 잊히지 않고 때로는 트라우마로 남아 있기도 한다.

내 일생에 잊을 수 없는 죽음에 대한 첫번째 기억은 젊은 시절 군생활 때 겪었던 일이다.

나는 스물 셋의 나이가 되어서 한국의 모든 남자들이 의무적으로 가야 하는 군대에 입대하게 되었다. 전·후반기를 거쳐 3개월이 넘는 긴 훈련 과정을 마치고 내가 근무할 부대로 이송이 되었다. 하루 낮과 밤을 기차와 군용 트럭을 바꾸어 타고 어디론가 끝없이 가는데 느낌에 계속 북쪽으로 가는 것 같았다. 아니나 다를까 다음날 늦은 시간이 되어 도착한 곳은 내가 지금까지 살아오면서 보지 못했던 예사롭지 않은 모습의 거대한 철조망이 끝없이 뻗어 있는 산속이었다. 그것을 보는 순간 그동안 많이 들어왔던 남북한 경계에 있는 남방 한계 철책선이란 것을 짐작할 수 있었다. 그리고 그곳에서 나의 군생활이 시작되었고 내가 배치된 부대는 최전방에서 활동하는 특별임무를 띤 수색대라는 부대였다.

　신병으로 들어와 꽤 오랜 시간 자대 생활이 익숙해지자 그때부터 나는 본격적인 작전에 투입이 되었다. 그것은 낮에 비무장지대(DMZ: Demilitarized Zone)[11] 안에 수색을 나가는 일이었다. 밤사이에 혹시 북한군의 남파 흔적이 있는지 그리고 비무장지대와 북한 쪽에 특별한 이상 징후가 있는지를 수색하는 임무였다.

　처음으로 남방 철책선을 넘어 들어간 비무장지대는 난생 처음 본 자연림과 사람의 손길이 닿지 않은 무개지(無開地)가 펼쳐진 곳이었고, 그곳의 풍경은 그림이나 영화 속에서 보는 것과 같은 천혜의 광경이었다. 내가 군생활을 했던 70년대는 6.25전쟁이 끝난 후 20여 년이 지났기에 그동안 사람의 손길이 닿지 않은 그곳은 자연의 아름다움을 완전히 회복한 그런 모습이었다. 그러나 우리가 수색하는 좁은 오솔길 외에는 수많은 전쟁의 흔적들이 흩어져 있었다. 총탄을 맞아 구멍이 뚫린 녹슨 철모, 찌그러진 수통, 그리고 녹슬고 부서진 무기들 수많은 전투의 흔적들이 키를 넘는 갈대숲이나 산등성이에 흩어져 있었다. 그리고 가끔씩 좁은 길옆에는 뾰족한 대인지뢰[12] 침들이 돌출되어 그것을 보는 순간 섬뜩한 기분이 들었다.

　그렇게 처음엔 낮 시간에 수색조로 편입되어 작전을 한지 거의 몇

11　남북한간 휴전을 하면서 군사적 충돌을 방지하기 위해 휴전선(38도선)을 중심으로 남북으로 각각 2KM씩 공백을 두어 그 안에 출입할 때는 무장을 해제하고 출입해야 한다는 상호 조약을 한 지역을 말한다. 그러나 실제로는 남북한 군이 오히려 완전 중무장을 하고 특별 작전을 수행하고 있다.

12　땅속에 보이지 않게 매설되어 사람이 밟으면 폭발하여 생명을 잃는 폭발물.

개월이 지나 임무 교대가 이루어져 이번에는 내가 속한 팀이 밤에 매복조로 바뀌어졌다. 매복조는, 야간을 틈타 북한의 특수 부대들이 남한으로 침투하는 것을 막기 위해 예상되는 침투 경로에 잠복해 있다가 사살하는 임무였다. 1968년 그 유명한 김신조 사건이 있은 후 남북한의 긴장 관계는 최고조에 달해 있었고 상호간 무장특수 부대(소위 말하는 무장공비)들을 침투시켜 끔찍한 테러들이 일어나고 있었다. 그리고 그러한 상황은 내가 군생활을 하던 70년대 중반까지 간간히 계속되던 상황이라 최전방은 매일 팽팽한 긴장이 감돌고 있었다. 그로 인해 내가 속해 있던 수색대와 같은 부대들은 밤낮으로 비무장지대에 수색과 매복을 수행하고 있었다.

매복조들은 낮에는 잠을 자고 해질녘 어둠이 내리면, 계급장도 명찰도 없는 군복으로 갈아 입고, 살결이 나온 부분은 위장크림으로 검정칠을 하고 그리고 완전무장을 한 채, 남방 한계선을 넘어 비무장지대 안으로 들어간다. 낮 시간 수색을 나갔을 때도 비무장지대 안에 들어갔지만 그때는 그래도 시야가 다 보이는 대낮이니까 약간 긴장은 되어도 그렇게 큰 두려움은 없었다. 그런데 난생 처음 밤에 매복을 들어가는 날 나는 지금까지 살아오면서 느끼지 못했던 강한 죽음에 대한 두려움을 느끼게 되었다. 더욱이 비무장지대 안에서 남북한군 간에 간혹 충돌했던 사건들이 뉴스에 나왔던 것이 생각이 나면서 나의 두려움은 더했다. 한치 앞이 보이지 않는 칠흑 같은 밤에 앞에 무엇이 있는지도 모르고 겨우 흔적만 있는 숲속을 한 발 한 발 더듬어 매복지로 들어갈 때는 너무나 긴장이 되었고, 때로는 멀리서 북한군들이 야간 사격훈련을 하는 소리가 들리기도 하고, 어떤 경우는 멀지 않은 북한 쪽에서 사람들의 웅성거리는 소리가 들리기도 할 때는 오싹하는 느낌마저 들었다. 그리고 어쩌면 한순간에 저쪽과 내가 속한 적은 수의 매복팀과 총격전이 벌어질지도 모른다는 생각을 하면서 나는 극도의 죽음에 대한 두려움 때문에 온밤을 꼬박 뜬눈으로 지샜다. 두려움이 지나쳐 멈추려고 해도 계속해서 턱이 떨리면서 이빨이 딱딱거리는 소리를 냈다. 그리고 부르르 하면서 허벅지가 떨렸다.

나중에 성경을 읽다가 극도의 공포가 몰려오면 허벅지가 떨린다는 말씀이 성경에 있는 것을 보게 되었다.

*바벨론의 왕 벨사살이 왕궁에서 대연을 배설하고 잔치하면서 그의 부왕 느부갓 네살이 예루살렘을 탈환할 때 전리품으로 가져온 하나님의 성전 기구 중에 금 집기를 가져오게 하여 술을 부어 마시면서 즐기고 있을 때 맞은편 벽에 사람의 손가락이 나타나 글을 쓰는 괴이한 현상을 보게 되었다. 그 순간 벨사살은 극도의 공포에 휩싸였고 넓적 다리가 녹는 듯하고 그 무릎이 서로 부딪쳤다(단 5:60)*고 했다. 아마 사람이 극도의 공포에 질리면 그런 현상이 나타나는 것 같았다.

야간 매복을 하면서 그렇게 온 밤을 지새는 날이 반복되면서 다소 그 공포감이 줄어들긴 했지만 심장이 뛰고 온밤을 긴장하고, 작은 풀잎 스치는 소리에도 놀래는 두려움은 그치지 않았다. 그러나 별다른 사건은 생기지 않고 거의 1년이 지났을 때 어느 날 밤 한 사건이 터졌다.

매복조 들은 날이 어두워지면, 매설할 폭발물, 그리고 수류탄, 수백 발의 실탄, 그리고 방탄조끼 등으로 중무장을 하고는 키를 넘기는 갈대숲과 산 언덕을 넘어 거의 휴전선 앞까지 들어간다. 보통 한 시간 정도 걸려서 지정된 장소에 도착하면 맨 먼저 크레모아(Claymore)라고 하는 고성능 폭발물을 설치하는데, 그날, 깜깜한 밤에 손의 감각만으로 폭발물을 설치하던 옆에 있던 대원이 그만 실수를 해서 격발기를 눌렀던 모양이었다.

이름 모를 풀벌레 소리, 그리고 짐승들이 간간이 우는 소리 외에는 죽음의 정적만이 감돌던 그 비무장지대 안에서 한순간에 천지를 진동하는 거대한 폭발음이 일어났고 폭발로 인해 하늘로 솟구쳤던 돌과 흙덩이들이 비 오듯이 쏟아졌다. 그 순간 몇 명 안되는 우리 대원들은 완전히 공황상태에 빠져 서로의 이름을 부르면서 엉금엉금 숲 속을 기며 안전을 확인했다. 그때 그 짧은 순간 나의 머릿속에는 수많은 생각이 스쳐 지나갔다. 놀랍게도 그 순간 폭발이 적이 터뜨린 것이 아니고 내 동료 중 누군가가 실수로 폭발이 일어났다는 판단이 들었고, 내가 다치지 않았다는 생각, 그러나 두려웠던 것은 동료 대원들이 죽거나 다쳤을 거라는 생각이 들었다. 그리고 폭발음과 함께 조용하던 멀찌감치 떨어져 있던 북한군 전방 관측소에서 갑자기 불이 환하게 켜지면서 무전기 소리와 함께 소란해지는 소리가 났다. 폭발 때문에 아마 비상이 걸린 것 같았다. 내가 두려웠던 것은 우리의 위치가 발각되어 그들이 우리를 향해 사격을 가하지 않을까 하는 두려움이었다. 그리고 많은 생각이 영화의 장면처럼 나의 머리를 스치고 지나가면서 여기서 살아나가기는 불가능 하겠다는 생각이 들어 너무나 무서운 죽음의 공포가 밀려왔다. 그러나 놀랍게도 불과 몇 미터도 안되는 옆에서 그 강력한

  죽음을 알면 삶이 자유해진다

폭탄이 폭발을 했는데도 하나님의 도우심으로 몇몇 동료가 어느정도 부상은 입었지만 생명을 잃은 대원들이 없이 우리는 무사히 철수하게 되었다. 그리고 그 순간의 죽음에 대한 공포는 오랜 세월이 지나도 잊을 수가 없었고 문득 문득 살면서 그때의 생각들이 생생하게 떠오르곤 했다.

젊고 건강했던 그 시절, 죽음은 나와 상관없고 내게서 멀다고 생각했던 그때 정작 죽음이 나에게 다가왔을 때 나는 너무나 무서웠고 그때의 공포감은 평생 잊을 수 없는 기억으로 남아 있다.

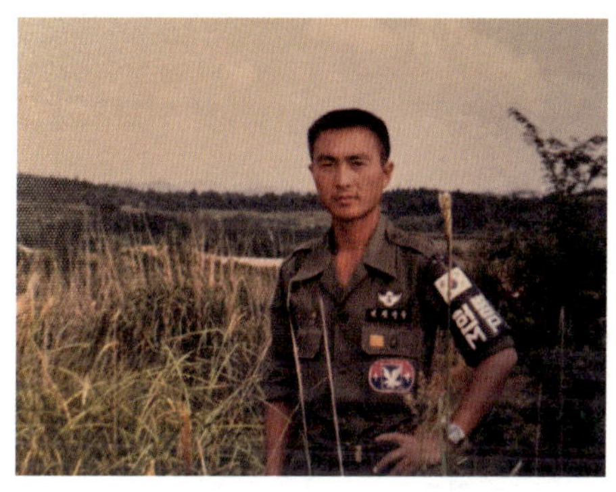

DMZ에서 근무하던 군생활 시절

지금 회상해 보면, 내가 그 최전방에서 작전을 하던 부대에 가기 전 3개월이 넘도록 극기 훈련, 담력 훈련 같은 많은 훈련을 거쳤었다. 또한 군입대 전에 나는 강렬한 거듭남의 체험을 한 기독교 신앙인이었다. 그러나 그러한 육체적, 정신적 훈련이나 나의 신앙은 고립된 환경과 극한의 순간에는 나의 두려움을 전혀 잠재우지 못했다. 그만큼 죽음의 공포는 강렬했고, 인간의 이성과 신념을 여지없이 무너뜨리는 무소불위의 힘이 있다는 것을 경험하는 시간이었다.

내가 죽음을 만났을 때 (2)

지금까지 살아오면서 나는 죽음이라는 실체를 맞닥뜨린 두번째 잊지 못할 시간들이 있었다. 그것은 내가 막 중년의 나이에 접어들어서 겪었던 일이다.

미국에서 학업을 이어 가면서 처음으로 이민 교회에서 목회를 할 때 내가 겪었던 고통스런 기억이다.

이민 목회의 초년생이었던 나는 여러가지 원인으로 순탄치가 않아 몇몇 교회의 리더들과 갈등을 겪으면서 많은 스트레스를 받고 있었다. 그러던 중 아직 끝내지 못했던 학업 때문에 또한 신경이 예민해 있었고, 그뿐 아니라 아이들이 청소년 시기를 지나면서 이질 문화 속에서 겪는 어려움들을 부모로서 돌봐야 했기에 나에겐 무거운 짐이 되었다. 또 한편으로는 경제적으로 어려움을 당하면서 가정 불화도 적지 않았다. 그런 와중에 가장 큰 문제는 체류 신분이 해결되지 않아 그 환경을 쉽게 벗어날 수 없는 고립된 상황에 직면해 있었다. 이처럼 삼중, 사중으로 나 자신이 쉽게 해결할 수 없는 문제들에 짓눌리다 보니 마치 전기모터에 과부화가 걸려 고장이 나는 것과 같이 나의 체력과 정신력에 과부화가 걸린 것처럼 어느 날부터 몸에 이상 증상이 생기기 시작했다.

처음에는 밤에 잠을 자지 못해 꼬박 밤을 새는 날이 있더니, 그 다음에는 한밤중에 정신이 몽롱해지면서 패닉 현상이 일어나기 시작했다. 나는 어떻게 해야 하나? 어떻게 나의 이 모든 무거운 짐에서 벗어날 수 있을까? 생각이 꼬리를 물면서 엄청난 무게의 두려움과 절망의 벽이 나를 향해 무너져 내리는 것 같았다. 그리고 머릿속에서는 쌩 하면서 벌레가 우는 소리 같은 것이 시끄럽게 들리면서 갑자기 숨이 막히고 정신이 몽롱해지고 형언할 수 없는 고통이 밀려오기 시작했다. 그리고 복부 아래에서부터는 모든 내장을 쥐어짜듯이 고통스런 위경련이 일어났다. 온몸은 물에 빠진 듯이 땀에 젖고 손가락 하나 움직일 수 없는 무기력함이 온몸을 또한 짓눌렀다. 견딜 수 없는 고통 때문에 숨을 쉴 수가 없고 찬 공기를 마시면 좀 나을 것 같아 누워 있던 잠자리에서 일어나 밖으로 나가려 해도 몸을 움직일 기력조차 없어진다. 그러다가 침대에서 굴러 내려와 엉금엉금 기어서 겨우 차가운 문 밖에 철벅 쓰러져 한참을 몸부림치다 보면 조금씩 회복이 되곤 했다. 그런 밤이 지나고 나면 이제는 날이 어두워지고 밤이 되면 벌써 가슴이 두근거리고 두려움이 생겼다.

갑자기 몰려오는 절망감, 두려움, 무기력함이 절정에 이르러 1초의 순간을 견디는 것이 너무나 힘들어 어떤 경우는 응급실에 가서 극한 약물을 투여한 후 회복되기도 했다. 그런데 문제는 나는 그것이 공황장애인지도 몰랐고 질병인지도 몰랐다. 참 아이 같은 표현이지만, 한참 공황장애의 공포가 나를 휘감고 짓누를 때는 단 일 초의 시간을 견디기가 힘들어 주문 아닌 주문을 외기도 했다.

힘들었던 시기에 공원을 산책하며…

헤밍웨이의 소설, 「노인과 바다」에 나오는 주인공 노인은 쪽배를 타고 먼바다에 고래사냥을 나갔다. 엄청나게 큰 청새치 물고기에 작살을 꽂고 그 물고기가 힘이 빠질 때까지 정처 없이 몇 날 며칠을 물고기에게 끌려다니다가 거의 생사의 갈림길에 놓이게 되었을 때 노인은 하나님께 기도한다. 내가 주기도문을 백 번을 외울 테니 평안히 집으로 돌아가게 해달라고….

나는 심한 공황장애의 고통 속에 문장을 잇는 긴 말은 할 수가 없어 나의 신앙의 중심에 있는 두 마디, *예수의 피, 십자가*를 주문 외듯이 외울 때도 많았다. 그렇게 무지했던 까닭에 결국 고스란히 그 고통스런 질병을 온몸으로 견디기를 십여 년을 지나게 되었다. 오랜 시간이 지나 나는 그것이 공황장애라는 질병이라는 것을 알았다.

공황장애는 죽는 병이 아니지만 죽을 것 같은 병이다. 이런 고통이 계속되는 동안 나의 정신세계와 몸은 점점 피폐해져 갔고 죽음이라는 실체 혹은 현실은 점점 내게 가까워 오는 느낌이 들었다. 그리고 아마 우울증 증상이 심해졌던 탓인지, 어느 날 어느 순간에 나에게 다가올 그 죽음을 생각하는 시간이 점점 잦아졌고 그와 함께 수많은 질문들이 나에게 일어나기 시작했다.

나의 호흡이 멈추고 심장박동이 멈추면 그 다음에 무슨 일이 일어날까?

이러한 생각들이 끊임없이 떠올랐다.

성경과 죽음의 문제

한 사람의 기독교인으로 평생을 신앙으로 살아온 나 자신이 막상 죽음이 임박했다는 생각을 하면서 끝없이 일어나는 이 질문들 앞에 그동안 내가 나름대로 자부해 왔던 신앙은 정말로 무기력하기 그지없었다. 그리고 나는 하나하나 죽음 다음에 일어날 모든 일들을 구체적으로 생각하고 또 추구하기 시작했다. 왜냐하면 나에게는 너무나도 절실한 현실적인 것이었기 때문이었다. 그리고 그때부터 매일 대하는 성경을 그런 시각으로 다시 보기 시작했다. 그동안에 읽었던 수많은 성경의 내용들이 나의 머리를 스치고 지나갔고, 나는 그동안 습득한 지식을 근거로 그러한 내용들을 나름대로 해석하고 연구했다. 그러나 그때 깨달은 것은 성경은 죽음의 실체가 무엇이며, 죽음은 어떤 느낌과 과정을 거치는 것이며, 죽음과 함께 나의 자아와 의식은 어떻게 되며, 만약 내 의식이 그대로 있다면, 소위 말하는 영혼의 상태는 어떤 것이며 그 다음에 내게 무슨 일이 일어나는 것인지, 그리고 나의 몸과 분리된 나의 의식, 아니 내 영혼은 어떤 상태가 되는지, 이런 원초적인 모든 질문에 대한 대답을 주는 책이 아니라는 것을 알았다.

나중에 내가 읽은 레이먼드 무디 박사의 글에서 같은 맥락의 내용을 보게 되었다.

우리 사회에서 성경은 인간의 영적 측면과 사후 세계의 본질에 관한 문제를 다루는 가장 널리 읽히고 논의되는 책이다. 그러나 전체적으로 성경은 죽음 이후 일어나는 사건이나 사후 세계의 정확한 본질에 대해 상대적으로 언급하는 내용은 적다. 일부 성경학자들에 따르면 구약성경 전체 중에 두 구절에서만 죽음과 사후 세계에 대한 내용을 언급하고 있을 뿐이다.[13]라고 했다.

그렇다고 성경이 우리의 현실과는 동떨어진 무용지물의 책이란 뜻은 아니다. 문제는 지금까지 내가 습득해 온 성경을 대하는 자세나 신학이라는 학문에 많은 문제가 있었다. 내가 습득해 온 신학은 극히 학문적이고 교리적이고 논리적인 내용들이 대부분이었으며, 더 깊은 심연의 세계인 하나님의 나라와 영적인 세계에 대한 이해를 추구하는 내용은 상대적으로 적었다. 이러한 하나님의 나라와 세계는 학문을 넘어 더 깊은 명상과 영적 통찰력을 통해 깨달을 수 있는 영역이다. 그러다 보니까 내가 정작 맞닥뜨린 삶과 죽음에 대한 나의 이해는 제한적일 수밖에 없었고 현실적으로 절박한 나의 고통을 감소시키는 데는 수많은 의문만 남을 뿐이었다. 이는 나만의 문제가 아니라 모든 기독교인들 역시 마찬가지일 것이다.

....

13   Raymond A. Moody JR. *Life After Life.* (New York. Harper One. 2015) p107.

미국의 정신과 의사이면서 죽음학의 선구자인 엘리자 베스 퀴블러 로스 박사 역시 같은 의미에서 다음과 같이 강조했다.

기독교의 성경은 상징적인 언어로 가득 차 있다. 사람들은 직관적이고 영적인 부분에서 좀 더 귀를 기울여야 한다. 이런 아름다운 상징적 언어의 메시지들을 이해하려면 부정적인 사고나 두려움, 죄의식 그리고 다른 사람이나 자신을 징벌하려는 욕구들로 우리를 오염시켜서는 안 된다. 그렇게 될 때만이 우리는 죽어 가는 환자들이 우리에게 그들의 욕구나 지식, 깨달음을 전하려 할 때 사용하는 아름다운 상징적 언어를 이해하기 시작할 것이다.[14]라고 했다.

이처럼 죽음의 문턱에 이르는 경험을 거듭하면서 내가 깨달은 진리는, **죽음을 극복하려면 먼저 죽음과 친구가 되어야 한다는 진리였다.**[15] 내가 이러한 주장을 하는 이유가 있다.

내가 공황장애를 겪으면서 점점 자신도 모르게 죽음을 자주 생각하는 습관이 생기게 되었는데, 그런 중에, 서양에는 이미 오래전부터 죽음을 연구하는 수많은 학자들이 있다는 것을 알게 되었다. 죽음학(Thanatology), 그리고 임사체험(Near Death Experience) 같은 학문이다.

내가 그렇게 두려워했던 죽음, 그리고 그 실체가 궁금했던 그 죽음을 과학적인 방법으로 접근해서 분석하고 깊이 연구한 그들의 책을 수없

---

14 엘리자베스 퀴블러 로스. 사후생. 최준식 옮김. (서울. 여해와함께. 1996) p105.

15 Kenneth Ring. *Lessons from the Light, Near Death Experience Teach Us about Living in the Hear and Now.* (Newburyport. MA. New Page Books. 2006) pp23-24. (커네티컷 대학의 심리학 교수인 케네스 링 박사는 평생을 임사체험을 연구하고 수백 명의 체험자들을 면담한 후 그가 쓴 논문에서 임사체험자들이 정신적 육체적으로 치유된 이유 중 결정적 계기는 죽음과 친밀하게 되면서였다고 했다.)

이 읽고 또 읽으면서 나는 조금씩 죽음의 실체를 이해하게 되었고, 결론은, 죽음은 그렇게 나쁜 것, 소멸되는 것, 절망적인 것, 파괴적, 종말적인 것이 아니라 오히려 희망적이고, 또 다른 여행의 시작이며, 아주 가까이 늘 친구로 우리와 함께하는 존재임을 나름 이해하게 되었다.

거기까지 생각이 미치자 나는 죽음이 낯설지 않게 되었고 오히려 친밀한 느낌을 갖기 시작했다. 그 이후로는 공황장애의 공포가 엄습해 오면 내가 습득한, 죽음은 공포와 절망이 아닌 희망과 평안과 안식과 자유함이라는 새로운 이미지를 나 자신에게 각인시키면서 좋은 죽음을 묵상하곤 했다. 묘하게도 그 시간부터 죽음에 대한 공포감, 트라우마가 서서히 가라앉기 시작했다.

그때 나는, 죽음에 대한 공포가 죽음을 친밀하게 대하면서 오히려 감소하고 사라진다는 역설적인 사실을 알게 된 것이다.

모든 생명체에게 절대적으로 필요한 안전과 생명을 지켜 주는 귀한 장치인 죽음에 대한 두려움이 오히려 죽을 것 같이 견딜 수 없는 고통을 주기도 하고, 때로는 극한 정신적인 고통과 공황상태를 벗어나는 길도 죽음을 받아들이고 죽음과 친해지면서 되어진다는 것은 참으로 아이러니 한 일이다.

앞에서 언급한 일본의 과학자요 저술가인 다사카 히로시는 죽음에 대한 연구를 한 후 말하기를,

우리 마음속의 자아는 현실에서 생존본능에 근원을 가지고 있기에 죽음에 대한 공포, 생존위협의 불안, 그리고 이러한 본능들은 투쟁심, 경쟁심 나와 타인과의 분리의식, 비교의식, 승부욕구로 확장되어 우리에게 끊임없는 패배나 고독

이나 열등감 등을 불러일으킨다는 것이다. 그래서 이 땅에서의 삶은 괴로운 것이라 했다. 그러나 사람이 죽음을 맞게 되면 자아는 육체를 벗어나기 때문에 자유로운 상태가 된다는 것이다. 현실세계에서 육체적 삶을 지속하기 위해 우리를 괴롭혀 오던 모든 자아가 사라지기 때문에 인간은 자유와 평안함과 기쁨을 누리게 된다고 했다.[16]

나는 이처럼 죽음과 친밀해지면서, 다른 말로는 죽음의 실체를 바로 이해하게 되면서, 자유를 누리게 되었고, 그런 시각으로 성경을 읽으면서 성경이 이렇게 이해되었다.

성경에서는 죽음과 삶은 사실 하나라고 말하고 있다. 즉, 죽어도 살고, 지금 살아 있는 사람은 영원히 죽지 않는다(요11:25-26)는 것이 그 뜻이다. 왜냐하면 본래부터 죽음은 없는 것이기 때문이다. 철학적으로 말하면 죽음은 실체가 아니고 현상일 뿐인 것이다. 왜 죽음은 낯선가? 그러기에 죽음은 두려운가? 현상으로 보지 않고 죽음을 실체요 현실로 보기 때문이다.

세계적인 베스트 셀러 작가이자 영성가인 디펙 초프라는 인도 태생으로 미국 하버드 의대를 졸업하고 인도 전통 치유와 현대 의학을 접목시킨 정신신체 의학(Mind-Body Medicine)이라는 학문을 개척하고 활동하고 있다. 그가 내린 죽음에 대한 정의는 귀담아들을 만하다.

*죽음은 물리적 시간인 유한의 시간을 무한의 시간으로 바꾼다.

*죽음은 공간의 경계를 무한으로 확장시킨다.

---

16 다사카 히로시. 죽음은 존재하지 않는다. 김윤영역. (서울. 소미미디어. 2024) pp187-188.

* 죽음은 생명의 근원을 보여 준다.

* 죽음은 다섯가지 감각기관이 닿을 수 없는 곳까지라도 지혜를 확장시킨다.

* 죽음은 창조를 조직하고 입증하는, 숨어 있는 정보를 드러내 보여 준다.[17]

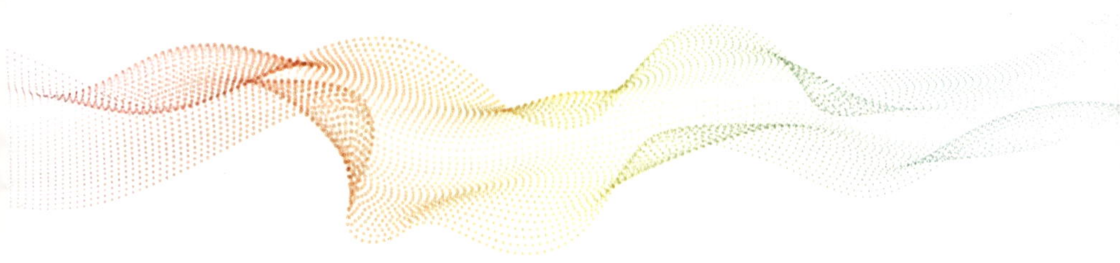

17   디펙 초프라. 죽음이후의 삶. 정경란 옮김. (서울. 행복우물. 2007) pp19-20.

제2장

소멸인가? 불멸인가?

영혼 불멸 사상의 유래

인류는 오래전 선사시대부터 영혼 불멸에 대한 개념을 갖고 살았다. 주전 1만년 전의 인류의 유적에서, 동굴의 벽화나 기타 무덤에서 그들은 영혼 불멸의 신앙을 가졌던 것으로 추정되는 흔적이 있다. 예를 들면 시신을 꽃 더미 위에 놓았던 것, 무덤에 붉은 황토를 사용해 생명의 상징인 피를 의미했고, 무지개 문양이나 다리 문양을 새김으로서 이승과 저승의 가교를 상징하기도 했다. 그리고 중석기 시대에 와서는 죽은 영혼을 숭배하는 사상이 있었고, 두개골들을 원형으로 배열하거나 그룹을 지어 같은 방향을 향하게 하는 등 의도적으로 영혼의 존재에 대한 믿음을 나타내기도 했다.[18]

이러한 영혼 불멸의 사상들은 아프리카의 사하라 사막 이남지역이

18　*The Encyclopedia of Religion* Vol 7. (New York. Macmillan Publishing Co. 1987) pp 123-124.

나 이집트 등지의 고대 유적에서 분명히 나타나는데, 육체로 있을 때
는 유한한 시간, 죽은 후에는 영혼으로서 영원의 시간의 세계로 들어
간다는 개념이 있었고, 부르키나 파소의 보보 유적 중에는 영혼 혹은
영, "냐마"라고 하는 생명력, 그리고 조상과의 교류를 나타내는 신성의
표식 등이 그들의 유적과 전통에서 나타난다.[19]

그리고 기록으로 남아 있는 오래된 것은 BC 1250년경에 쓰인 이집
트의 파피루스의 기록이다. 사람은 죽으면 영혼이 아래의 세계로 여행
을 떠나 그곳에서 사후 세계로 들어가기 전 마지막 관문을 통과하게 되
어 있다고 한다. 즉 오시리스의 심판(The judgement of Osiris)을 받게
되며 심판을 통해, 그리고 눈앞에 펼쳐진 수많은 죄의 목록을 통해 진
실이 밝혀지고, 그때 심장이 죄에 짓눌리지 않으면 태양신이 보이는 곳
에서 불멸의 행복을 보장받게 되고, 만약 심판을 통과하지 못하면 죄인
들은 영원한 망각으로 단죄된 끔찍한 운명을 맞게 된다는 것이다.[20]

고대 인도의 사상에서도 인간의 영혼은 육체와는 분리되어 존재하
는 독립적인 존재로 기록되어 있다고 한다. 영혼이 오고 간다는 것은 인간
의 망상이며 영혼은 오지도 가지도 않는 다는 것[21]이라 했다.

루마니아 출신으로 미국의 시카고 대학 교수였던 세계적인 문화 인
류학자 미르차 엘리아데(Mircea Eliade, 1907-1986)의 연구에 의하면,

....
19   Ibid.

20   Pim van Lommel. *Consciousness Beyond life* (New York. Haper One, 2007) p82.

21   Ibid. J. Mishlove. *The roots of Consciousness*, The classic Encyclopedia of consciousness studies.
      (Tulsa, OK. Oak Council Books.1993)

이러한 영혼 불멸 사상은 전 세계적으로 분포되어 생존했던 인류의 조상들에게서 동일하게 나타난다고 했다. 호주의 원주민, 아메리칸 원주민들, 내륙 아시아, 메소포타미아 아즈택 문명, 남미의 마야 문명, 잉카 문명, 고대 중국 문명, 인도 문명 등에서 비슷한 양상으로 나타난다고 했다.[22]

고대 영혼 불멸 사상으로 가장 근세기까지 서양 역사에 큰 영향을 끼쳤던 것은 기원전 6세기에 등장한 파타고라스 주의(Pythagoreanism)를 들 수 있다. 이는 수학의 아버지라 불리는 피타고라스((Πυθαγόρας, Pythagoras, B.C.570-495)에 의해 시작된 하나의 학파이자 종교적 집단의 사상을 말하는 것으로 인간의 영혼은 불멸이며 몸은 영혼이 갇혀 있는 감옥과 같은 것으로 이해했다. 그러나 육체가 죽으면 영혼은 정화되기 위해 하데스(땅 아래의 감옥과 같은 곳)로 들어가며 그곳에서 정화된 영혼들은 천국에 들어가고, 정화되지 못한 영혼들은 땅으로 다시 돌아와 새로운 몸으로 태어난다고 했다. 천국에 들어가기 위해서는 금욕과 규율의 생활 등 철저한 수행을 통해 이루어질 수 있다고 가르쳤다.

특히 피타고라스는 모든 것은 수(數)라고 하여 우주 만물이 수로 이루어져 있음을 가르쳤다. 이러한 피타고라스의 영혼 불멸 사상과 내세관은 후대의 플라톤과 플로티노스, 케플러 등에게 영향을 주었으며, 그들의 사상은 기독교의 교리의 근간을 세운 중세의 토마스 아퀴나스

<hr>

22 *The Encyclopedia of Religion*. Vol 7. Ibid. pp125-134.

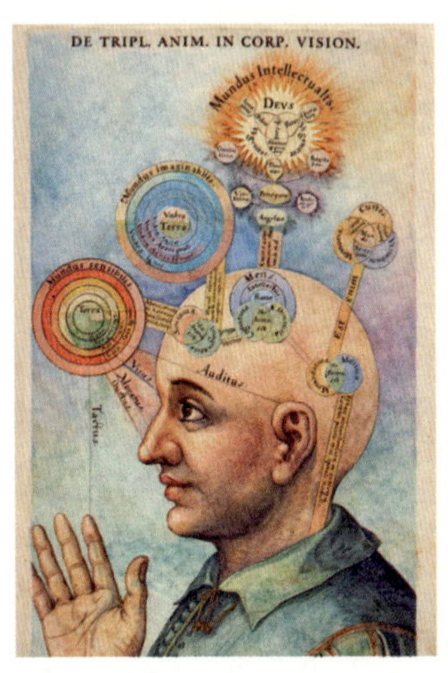

정신과 감각의 종속적 분석도, Robert Fludd, 1617

와 어그스틴 같은 기독교 사상가들에게 직접적으로 영향을 끼쳤다.[23]

이러한 영혼 불멸의 사상은 전 세계의 시대와 문화, 그리고 종교안에 전례되어 온 것이 수많은 문화인류학자들의 연구에서 발견된다.

근대에 이르러는 17세기 영국의 의사이자 철학자인 로버트 플루드(Robert Fludd, 1574-1637)가 남긴 유명한 그림이 있다.[24] 그림의 맨 위 왕관 안에는 희랍어로 하나님(데오스 Θεός)이 있고 세로의 통로는 신적 영역과 인간의 의식의 세계가 교류하고 있다는 상징을 보여 준다. 특히 왕관 속의 하나님 안에는 여러 가지 삼위일체와 다른 신적 속성이 들어 있고 이러한 하나님의 속성은 인간의 의식의 세계와 연결되어 작용한다는 것을 보여 주고 있는 것이다. 그리고 뇌 속에는 각각의 방이 있고 이는 감각, 상상력, 기억, 지성(또는 판단)들이 서로 연결되어 작용하는 것을 보여 준다. 머리 위와 앞쪽에 떠 있는 여러 개의 동심원 구조는 인간 영혼의 층위, 혹은 천구(하늘의 여러 층)를 상징하며, 그림 안에는 영혼의 능력, 행성 구, 별의 영역 같은 개념들이 라틴어와

....

23   Ibid. pp 139-140.

24   https://publicdomainreview.org/product/diagram-of-the-human-mind/

영어로 표기되어 있다.

플러드의 이 그림은 해부학적 뇌 구조를 정확히 그린 것이 아니라, 의식이란 무엇이며, 인간 정신이 어떻게 하나님과 우주와 연결되는가를 시각적 은유로 설명하는 신학적이면서 철학적인 그림이라고 할 수 있다. 그리고 이러한 인간의 의식, 내지는 영혼은 육체와 분리되어 결코 소멸하지 않는다는 것을 상징적으로 보여 주고 있다.

그 이후 인물로는 스웨덴의 과학자인 스베덴 보르그(Emanuel Swedenborg, 1688-1772)를 들 수 있다. 그는 당대에 뛰어난 과학자였다. 물리학, 광학, 기계공학, 지질학, 해부학 그리고 광산공학, 천문학, 수학, 철학, 언어학에도 뛰어난 천재였다. 그가 57세에 신비로운 경험을 한 후 모든 세상적인 학문의 세계를 떠나 성경을 연구하고 26년 동안 신비적 경험을 하며 살면서 수없이 많은 책을 저술하고 84세에 정확히 자신이 예언한 날에 죽었다. 그는 많은 저술을 통해 자신의 영이 천국과 지옥을 직접 경험한 내용을 과학자적 시각으로 분석해서 상세히 기록했고, 심지어 몇 번 정도 자신은 심장이 멈추었고 완전히 죽은 상태를 경험하면서 그의 영이 영계를 여행한 그 과정을 상세히 기록했다.

그는 다음과 같이 말하고 있다. 즉, 사람은 죽었을 때 자신이 죽었는지를 잘 알지 못한다는 것이다 왜냐면 모든 의식과 감각이 그대로 있기 때문이다고 했다. 그러나 자신이 몸 밖에 있는 것을 알고 혼란스러워한다고 했다. 그리고 모든 감각은 더 예민해지고 밝아지며 인지 능력 또한 놀라울 정도로 향상된다고 했다. 그와 동시에 천사와 같은 존재를 만나게 되고 초능력적으로 천사와 소통을 하게 되며 자신과 같이 영혼이 된 사람들을 만나 소통하게 된다고 했다. 그리고 그 천사들 앞에 자신이 유아기 때부터 살아온 모든 것들이 현실처럼 드러나고 숨길 수 없게 된다고 한다. 거기에는 주님의 빛이 작용하기 때문에 거짓이나 숨기는 것이 있을 수 없다고 한다.[25]

그 외에 19-20세기에도 죽은 후 영의 활동 내용을 담은 책이 유럽에서 저술되었다. Annie Besant「Death and After」(죽음과 사후), 인류학자 Rudolf Steiner「Death as Metamorphsis of Life」(삶의 변형으로의 죽음), Alice Bailey「Death; The Great Adventure」(죽음, 위대한 모험), 특히 알리스는 38세에 신비로운 죽음의 경험을 한 것을 기록으로 남겼다.

이러한 기록들은 육체의 죽음 후의 삶에 대한 생생한 증언들이며 대단히 이론적인 내용들이다.[26] 그런데 중요한 것은 이 내용들이 오늘날 의학의 한 부분으로 활발히 연구하고 있는 임사체험의 내용과 놀라울 정도로 유사 하다는 사실이다.

이러한 영혼, 혹은 인간 의식 불멸의 사상은 의당 종교의 가장 저변에서 그 종교의 모든 교리의 토대를 이루고 있다. 이렇다 하는 세계적 종교들은 필히 인간 불멸의 사상을 가르친다.

25　임마누엘 스베덴 보리. *천국과 지옥*. 김은경역. (서울. 다지리. 2009) pp388-467.

26　Lommel, Ibid, pp83-85.

조로아스터교의 영혼 불멸 사상

이집트의 파피루스 다음으로 오래된 기록은 페르시아의 종교 조로아스터교에 등장하는 영혼 불멸 사상이다. 페르시아의 선지자 짜라투스트라는 주전 1000년경에 조로아스터교를 창시했으며 그 교리 안에는 오늘날 유신론 종교, 특히 유대교와 기독교의 핵심적인 내용들과 유사하거나 같은 개념들이 많이 포함되어 있어 일부 종교학자들은 기독교나 유대교의 선재종교로 보기도 한다.

조로아스터교에서는 인간의 영혼(urvan)이 육체의 죽음 이후에도 소멸하지 않고 영속한다고 가르친다. 죽음과 동시에 영혼은 3일간 시신 곁에 머무르며, 영혼은 신체와 분리된 후에도 의식과 개성을 유지하며, 최종 심판까지 존재한다고 한다. 영혼의 운명은 생전의 도덕적 선택에 따라 결정되며, 죽은 후 치누아트 다리(Chinvat Bridge)로 이동해 심판을 받는다고 한다. 이 다리에서 선한 영혼은 천국(가로데마나; "빛의 집")으로, 악한 영혼은 지옥(드루조 데마나; "거짓의 집")으로 갈리게 된다고 한다. 조로아스터교는 선의 신(아후라 마즈다)과 악한 영(앙그라 마이뉴)의 대립을 강조하며, 인간은 자유의지를 통해 선한 행동(아샤; 진리와 질서)을 따르거나 악을 선택할 수 있다고 힌디.[27]

<hr>

27　The Encyclopedia of Religion, Vol 7, Ibid pp136-137.

힌두교의 영혼 불멸 사상

힌두교의 고전 전승인 베다를 기록한 우파니샤드에서는 인간의 불멸적 존재를 아트만(산스 크리트 어로는 "숨"을 뜻함)이라 하며 이 아트만은 육체가 죽은 뒤에도 살아남아 새로운 생명으로 다시 태어나는 존재의 정수를 의미한다.[28] 롬멜 박사는 우파니 샤드 원문의 내용 일부를 인용했다.

모든 것을 아는 자아 … 태어나지도 않았고 죽지도 않는다. 원인과 결과를 넘어 자아는 영원 불변이다. 자아는 모든 생명의 중심에 숨겨져 있다. … 그 자아는 모든 슬픔을 넘고 자신의 의지를 초월한다. 사랑의 주님의 은혜를 통해 영광스런 자신을 보라! … 최고의 자아는 이름과 형체를 초월하며 감각을 넘어 무궁무진하며 시작도 끝도 없다. … 이러한 자아를 깨닫는 자는 죽음의 문턱에서 영원히 자유하리![29]

이러한 힌두교의 영혼 불멸 사상은 현대에 이르러서까지 인도인들의 의식속에 깊이 자리 잡고 있다. 근래에 활동했던 한 인도의 유명한 요가 수행자 스와미 라마(Swami Rama, 1925-1996)는 인도 최대의 힌두교 요가 수행자요 성자로 추앙받는 인물이다. 그는 1969년 미국으로 건너가 미국 펜실베니아에 히말라야 요가 과학 철학 연구소(Himalayan Institute of Yoga Science and Philosophy)를 설립했다. 캔자스주의 메

---

28   이만석저, 철학적 혼돈을 넘어 천국의 복음으로, (서울. CLC, 2025) p190.

29   Lommel, Ibid, pp86-87, *The Upanishads*, trans, E. Easwaran, (Nilgiri Press, 1996)

닝거 재단(Menninger Foundation)에서는 그의 신비적 요가 활동을 과
학적으로 연구했고 자료를 바탕으로 그의 영적 능력을 확인하기도 했
다. 그는 심장박동을 17초간 멈추거나 손바닥의 온도를 5-10도 차이로
스스로 조절하는 능력을 보여주기도 했다. 그는 말하기를, *영혼은 사후
에 살아 있고 소멸되지 않으며 해체되거나 파괴되지 않는다. 삶과 죽음은 동전
의 양면과 같으며 죽음 자체는 고통이 없으나 준비가 부족하며 삶에 대한 애착
때문에 고통이 있을 뿐이다.*[30]라고 했다.

티벳 불교의 영혼 불멸 사상

불교의 창시자 시타르타 고타마 부다(Siddhartha Gautama Buddh)
는 미래나 영혼의 존재에는 침묵하여 많은 교훈을 남기지 않았다. 그
러나 후대 불교도들은 이러한 사변적 의문에 대해 많은 관심을 가졌으
며 자료를 남겼는데 대표적인 것이 티벳의 「사자의 서」이다. 불교의 중
심이 된 사후 세계의 개념은 환생(Transmigration)과 업보(Karma)의
교리에 나타나 있다. 사람은 다섯가지 요소 즉, 육체, 감각, 감정, 의식,
의지로 구성되어 있으며 이 요소가 분해되면 무로 돌아 간다는 것이
다. 그러나 부처의 가르침 안에는 육체와 다른 요소가 분리될 때 의식
과 의지와 감정 등의 요소들은 죽지 않고 영원히 살아 있는 것으로 인

----

30   Ibid. p88. Swami Rama. *Living Purposefully and Dying Gracefully*, (New delhi: Himalayan Insti-
tute of Yoga Science, 1996)

정을 하고 있다. 부처의 설파문 중에는,

마음은 지상뿐만 아니라 하늘나라 에서도 모든 것을 소유하며, 불멸은 가장 안전한 보물 창고이다. … 진리에 대한 사랑을 마음속에 품고 있는 자는 불멸의 물을 마셨으므로 죽지 않고 살 것이다.[31]라고 기록되어 있다. 불교에서는 육체의 죽음후에 중간 상태인 "바르도"에서 49일 동안 머무르며 50일째 되는 날 새로운 삶이 시작된다고 믿는다. 티베트의 불교 창시자 파트마 삼바바(Padmasambhava)에 의해 8세기에 정리된「사자의 서」(죽은 자의 책)에는 비교적 자세하게 사후 세계에 대한 내용이 기록되어 있다.

사람의 의식과 근원이 몸 밖으로 나가면 … 자신이 내가 죽었나? 의심을 하게 된다. 그리고 이전에 그와 익숙했던 죽은 친척과 친구들을 본다. … 자신의 죽은 몸을 밖에서 보고 그 주위의 모든 일들을 본다. 주위의 사람들의 울음소리를 듣는다. … 그리고 어떤 소리와, 빛과 광선들을 경험한다.[32]

또한 사자의 서 내용 중에는 죽은 자가 육체를 떠난 후 겪게 될 일들을 비교적 소상히 기록하고 있다. 즉 그들은 세 단계를 거치게 된다고 한다.

1. 죽은 자는 아름다운 평원과 밝은 빛을 보게 되며 그 빛으로 자신의 생애를 조명받게 되는데 그때 영혼이 그 모든 애착을 버리고 빛과 동일시해야 하

....

31   Lommel. Ibid p90. Carus P. *The Gospel of Buddha*. (Chicago: open court.1915)

32   W.Y.Evans-Wentz. *The Tibetian Book of the Death*. (London. Oxford University Press. 1971) p98.

며 만약 실패할 경우 두번째 중간 단계로 들어간다.

2. 거기서는 일곱신성한 존재(Buddhas)를 만나게 되는데 그때도 역시 그 신성한 존재와 동일시에 실패할 경우 악한 일곱 영과 교류가 이루어지고 하나가 된다.

3. 이 단계에서는 자유롭게 즉각적으로 지구를 돌며 옛 집과 가족들을 보게 되고 슬퍼하는 가족들에게 자신이 살아 있다는 것을 알리려 하나 실패하고 자신이 죽었다는 것을 알게 된다. 그리고 야마라는 심판자에게 심판을 받게 될 때 악마에게 그 영혼이 도난을 당하는 느낌을 받게 된다. [33]

사자의 서에서 말하는 또다른 죽음후에 겪게 될 사실에 대한 기록은, 먼저 자신이 몸에서 빠져나와 주위와 사람들을 보게 되고 그들의 말을 들을 수 있지만 자신의 말은 그들이 알아듣지 못한다는 것이다. 그리고 자신은 육체가 아닌 몸을 가지고 있지만 바위나 벽, 산도 마음대로 통과할 수 있게 된다고 했다. 그리고 자신이 원하는 곳은 즉시 어디든지 갈 수 있다고 했다. 생각과 의식은 전혀 제제를 받지 않은 자유로운 상태가 되고 마음을 맑아지고 감각은 더 예민하고 완벽해진다. 그리고 육체에 있을 때 장애를 가졌더라도 새로운 몸은 완벽한 상태가 되고 빛이 나는 그 몸은 훨씬 힘이 있게 된다는 것이다. 그리고 자신과 같은 다른 존재들을 만나게 되고 투명하고 순수한 빛을 민니게 된다는 것이다. [34]

33　View from Tibet. *The handbook of Near Death Experiences Thirty Years of Investigation.* Janice Miner ect. (Santa Barbara, CA.Praeger Publishers, 2009) pp164-165.

34　Raymond Moody. *Life After Life.* (New York. Harper One, 2015) pp116-118.

고대 희랍 철학에서 영혼 불멸 사상

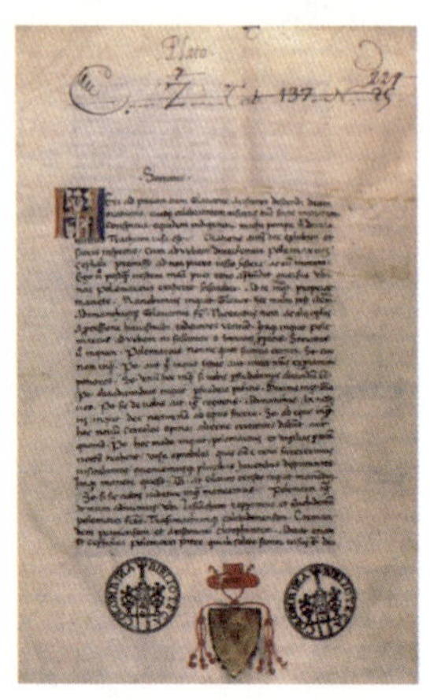

에르 예기를 기록한 플라톤의 「공화국」

철학자 플라톤(Plato, BC 427-347)은 그가 남긴, 파이도(Phaedo), 고지아(Gorgias), 그리고 공화국(The Republic) 등에서 죽음에 대한 구체적인 서술과 인간 영혼에 대해 언급하고 있다.

사람은 이 땅에 살아 있는 동안에는 영이 몸 안에 갇혀 있는 상태이며 몸이 영의 감각을 제한한다고 보았다. 그리고 그러한 육신이 죽으면 영을 깨워 영원한 세계에 들어간다고 했다. 몸속에 갇혀 있는 영은 그 속에 영원(Idea)의 세계에 대한 기억이 잠재되어 있다. 그 기억의 세계인 이데아의 세계는 시공간을 초월하고 초현실적이며 물질계보다 더 현실적인 세계이다. 또한 죽음과 동시에 몸에서 분리된 영혼은 이전보다 더 명확하게 생각하고 추론할 수 있으며 본질적인 것을 훨씬 더 쉽게 인식할 수 있다고 했다. 또한 죽음 직후 신성한 존재가 영혼 앞에 선과 악을 모두 드러내고 그 영혼이 심판 받게 한다고 했다.

그리고 그의 「공화국」 책에서 그 유명한 그리스 군인 "에르"가 죽었다 살아난 경험을 기록했다.

에르는 죽은 직후 몸 밖으로 나가 다른 영혼들과 합류했고 사후 세계로 이어지는 통로로 들어갔으며 신적인 존재 앞에서 심판 받는 장면을 애기했다고 한다.[35] 이러한 플라톤의 사상은 바로 그의 스승인 소크라테스의 사상과 일치한다. 그는 페이도(Phaedo)에 기술하기를 스승 소크라 테스가 독배를 마시고 죽기 전에 그의 친구들에게 남긴 말을 인용했다.

중세 유대신비주의의 영혼 불멸 사상

중세 유대인들은 명확하게 가르치기를, 죽음은 소멸이 아니라 의식이 다른 차원으로의 전환되는 것이라고 했다. 즉 영적이고 몸이 없는 의식의 단계라고 했다. 주목할 만한 내용은 미드라쉬와 조하르 문헌에 기록된 내용으로 랍비 엘리멜렉이 그의 죽은 친구 차임이 전해준 예기를 기록한 것이다.

차임은 친구 엘리멜렉에게,

---

35   Moody. Ibid. pp112-115.

36   http://philosophy.eserver.org/plato/phaedo.txt. Phaedo Plato, Trans. Benjamin Jowett.

고 싶어도 꿈속에서처럼 움직일 수가 없었다. 내가 무덤에 들어간 후 나는 일어 났고 갑자기 키가 하늘에 닿는 큰 사람이 일어나 나를 들어 올려 하나님의 궁전에 세웠다. 거기서 나는 모든 삶을 저울에 달아 측정을 받았다. 그때 게힌놈(지옥)을 봤는데 울부짖는 고통 중에 있는 사람들을 보았고 그들 중에는 내가 아는 사람도 있었다. 그리고 또 다른 편에는 에덴동산이 있었고 큰 행복을 누리고 있는 사람들을 보았다.[37]

유대인들의 언어에는 영혼 불멸적인 의미를 담은 여러 단어들이 등장한다. Kabbalah(감각), Nefesh(육체의 혼), Ruach(영), Neshama(숨), Chaya(생명력), Yechida(초월자와 합일) 등의 용어들을 통해 육체가 소멸되어도 살아남은 우리의 의식을 표현했다.

기독교의 영혼 불멸 사상

기독교는 신구약 성경을 통해 영혼 불멸 사상을 여러 곳에서 언급하고 있다. 구약 전12:5-7에는 *그런 자들은 높은 곳을 두려워할 것이며 길에서는 놀랄 것이며 살구나무가 꽃이 필 것이며 메뚜기도 짐이 될 것이며 원욕이 그치리니 이는 사람은 자기의 영원한 집으로 돌아가고 조문자들이 거리로 왕래하게 됨이라 은줄이 풀리고 금그릇이 깨어지고 항아리가 샘 곁에서 깨어지고 바퀴가 우물 위에서 깨어지고 흙은 여전히 땅으로 돌아가고 신은 그 주신 하나님께로 돌아가기 전에 기억하라*

....

37 Lommel. pp92-93.

전3:15 이제 있는 것이 옛적에 있었고 장래에 있을 것도 옛적에 있었나니 하나님은 이미 지난 것을 다시 찾으시느니라

그리고 신약성경에도 여러 곳에서 이러한 내용이 있다.

고후5:6-8 그러므로 우리가 항상 담대하여 몸으로 있을 때에는 주와 따로 있는 줄을 아노니 이는 우리가 믿음으로 행하고 보는 것으로 행하지 아니함이로라 우리가 담대하여 원하는 바는 차라리 몸을 떠나 주와 함께 있는 그것이라

고후12:2-4 내가 그리스도 안에 있는 한 사람을 아노니 그는 십사 년 전에 셋째 하늘에 이끌려 간 자라(그가 몸 안에 있었는지 몸 밖에 있었는지 나는 모르거니와 하나님은 아시느니라) 내가 이런 사람을 아노니(그가 몸 안에 있었는지 몸 밖에 있었는지 나는 모르거니와 하나님은 아시느니라) 그가 낙원으로 이끌려 가서 말로 표현할 수 없는 말을 들었으니 사람이 가히 이르지 못할 말이로다[38]

이슬람교의 영혼 불멸 사상

이슬람의 경전인 꾸란에는 각사람은 죽은 후 알라 앞에 인도되어 개별 재판을 받게 되며, 모든 사람은 자신의 행동에 대해 책임을 지게 된다고 한다. 꾸란의 수라(Surah) 99:7-8에는 하나의 원자의 무게만큼 선을 행한자는 보리라, 그리고 하나의 원자의 무게만큼 악을 행한자는 보리라[39]라고 하여 육체가 죽은 후에도 살아 심판 받는 다는 것과 선악 간에 그 행위

---

38 개혁개정 신구약 성경.

39 Lommel. pp95–96. quot. *The Holy Quran.* wordsworth classics of world literature (Ware. UK. Wordsworth Editions Limited. 2000)

에 대한 보응이 있다는 것을 선언하고 있다.

그 외에도 꾸란의 여러 부분에서 영혼의 불멸을 언급하고 있다. 쿠란 32:11 (수라 알-사즈다): *말하라: '너희에게 죽음의 천사(말락 알-마우트)가 임하여 너희의 영혼을 거두리니, 그 후 너희는 주님께로 돌아가리라.* 쿠란 39:68 (수라 알-주마르): *나팔이 불리니, 하늘과 땅에 있는 모든 것이 기절하되 알라가 원하는 자는 제외된다. 다시 나팔이 불리니, 그들이 일어나 바라보며 서 있으리라.* 쿠란 3:185 (수라 알-임란): *모든 영혼은 죽음을 맛보리라. 너희는 부활의 날에 너희의 보상을 받으리니, 불지옥에서 벗어나 천국에 들어가는 자는 성공한 자이다.*[40]

지금까지 살펴본 것과 같이 사람은 육체가 죽어도 그 영혼은 죽지 않고 살아서 살아 있을 때와 같은 삶이 있고 또한 선과 악에 대한 심판과 보상이 있으며, 결코 소멸되거나 잠자는 무의식의 상태가 아님을 동서고금 모든 문화권의 사람들에게 있었음을 알 수 있다. 이러한 자료들을 보면 그들의 종교적, 문화적, 그리고 인종적인 차이로 인해 다소간의 다른 점은 있지만 대단한 유사성을 보이고 있다는 사실은 영혼 불멸의 사실을 입증하는 객관적이고 간접적인 증거가 된다고 말할 수 있다. 왜냐하면 고대 사회나 원시 사회에는 지금과 같은 통신 인프라가 전무했던 시대였기 때문에 세계 각처에 산재해 있는 부족과 민족들은 고립된 환경과 문화, 종교를 가지고 있었다. 그럼에도 이러한 사상

40　https://grok.com/chat/ee4ae41e-9724-4974-8750-312e70a23001

들이 많은 부분에서 유사성과 일치가 있다는 사실은 영혼 불멸과 사후의 삶에 대한 개념은 학습을 통해 얻어진 것이 아니라 또 다른 차원에서 주어진 것이라고 밖에 볼 수 없다. 다시 말해 이러한 개념은 인간의 잠재의식 속에 태생적으로 있거나 아니면 또다른 영감의 통로를 통해 온 것이라고 할 수 있다.

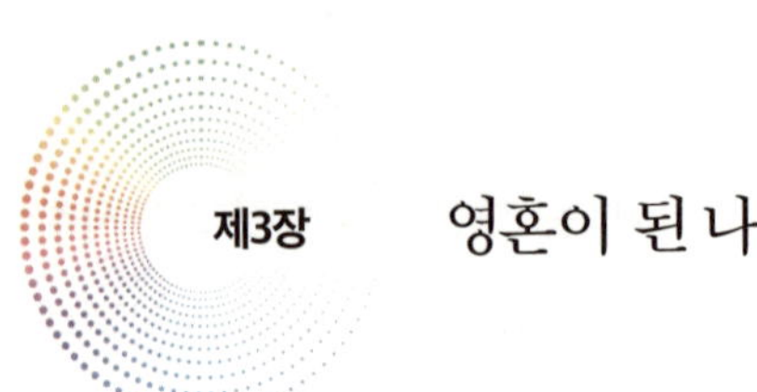

제3장

영혼이 된 나

꿈

내 나이 삼십 후반쯤 되었을 때였던 것 같다. 어느 날 나는 꿈을 꾸었다. 갑자기 하늘을 날고 싶은 충동이 일어나서 몸에 힘을 주었더니 내 몸이 창공을 날아올랐다. 자유롭게 방향을 바꿀 수도, 고도를 마음대로 오르내릴 수도 있고 그리고 얼마든지 멀리 날 수도 있었다. 날갯짓을 할 필요도 없었고 숨이 찰 만큼 힘을 들일 필요도 없었다. 그냥 내가 원하는 대로, 내가 가고 싶은 곳으로 비행을 했다. 높은 산을 아래로 한없이 높은 창공을 날면서 구비구비 뻗어 있는 산맥을 아래로 그리고 저 멀리 바다가 보이기도 했다. 너무나 자유롭고 평온하고 그렇게 즐거울 수가 없었다. 내 몸은 한없이 가볍고 그냥 한 터럭의 깃털 같은 느낌이 들었다. 몸이 있다는 느낌은 있었지만 팔과 다리 혹은 날개가 있다는 느낌은 없었다. 그리고 그렇게 높은 고공에서 아래를 볼 때, 때로는 약간의 공포감이 느껴지기도 했다. 그 이후 이런 꿈은 때로는 밤마다 때로는 가끔씩 기억으로는 아마 거의 십여 년이 넘도록 계속되었던 것 같다.

나중에 알았지만 이러한 꿈은 나만 꾸는 특별한 꿈이 아니라 많은 사람들이 꾸는 흔한 꿈이었다는 것을 알았다. 아마도, 벗어나고 싶지만 벗어날 수 없고 탈피하려고 몸부림을 쳐도 도망칠 수 없는 삶과 현실의 울타리 속에서 뛰쳐나가고 싶은 사람의 영혼의 몸부림이 그렇게 꿈으로 표현되는 것이 아닐까 나름 해석을 해 보았다. 내가 그 꿈을 꾸었던 시기는 내 인생에서 가장 힘든 시기가 아니었나 생각된다.

우리는 이 세상에 태어나는 순간에 현실과 삶이라는 작은 우물속으로 내동댕이쳐지는 것이다. 그 속에서 누리는 자유의 한계는 우물 안이 고작이다. 그러나 인간의 영혼은 한없이 멀리 보고 또 큰 꿈을 꾼다. 우물을 벗어나 푸른 숲과 더 높은 창공과 그리고 저 멀리 대양과 구비구비 펼쳐진 산맥을 자유롭게 다니면서 그 아름다움과 웅장함과 그 풍요로움을 누리고 싶은 것이다. 한없이 자유로운 사람의 영혼과 구속된 현실 사이의 괴리와 갈등이 바로 인생을 고달프게 만든다. 우리의 삶을 힘들게 하는 것은 생존과 생계의 문제 때문만은 아니다. 어쩌면 그보다 더 복합적인 마음의 문제가 더 큰 원인일 수 있다. 사람과의 관계, 환경 때문에 오는 스트레스, 사회적 여건과 분위기, 사상과 이네올로기, 더 나아가서 세상의 흐름과 시대적 변화를 통해 오는 구속감과 부자유스러움, 혹은 마음 상함은 어쩌면 단순한 필요의 결핍에서 오는 것보다 훨씬 더할 수도 있다. 그래서 비범한 피조물인 우리 인간, 성경의 표현대로는 하나님의 형상으로 창조된 인간은 무의식의 내면에서 그러한 하늘을 나는 꿈을 연출해 내는 것이 아닌가 생각한다. 그래서 나는 지난날 내가 꾸었던 하늘을 나는 꿈을 언젠가부터 그리워하게 되었다.

하늘을 난다고 생각하면 세 가지 단어가 떠오른다. 자유와 쉼과 그리고 초월이라는 단어들이다. 땅 위에는 너무나 장애물이 많지만 하늘을 날면 모든 장애물들이 사라진다. 당연히 내 힘으로 극복할 수 없는, 나를 힘들게 하는 장애물이 사라지니 마음에 평안과 쉼이 찾아오고, 그뿐 아니라 하늘에서 보는 모든 풍경은 땅 위에서 보는 풍경과는 차원이 다른 3차원적인 신비로운 모습들이다.

영적 존재인 인간

그러나 언젠가부터 나는 이러한 나의 꿈이 단순히 현실의 고통을 벗어나기 위한 무의식이 만들어 내는 환영(幻影; Hallucination)이라고만 생각지 않게 되었다. 꿈은 무의식의 세계에 있는 내용들을 자작극으로 연출하는 수단이기도 하다.[41] 그러나 물론 모든 꿈이 다 그런 것은 아니지만, 또 한 면에서 어떤 꿈들은 육체를 초월한 우리의 영혼이 경험하는 하나의 비젼(Vision)이기도 하기 때문이다.

영국의 위대한 시성이요 사상가인 알듀스 헉슬리(Aldous Huxley)는 그의 역작 「지각의 문」(The Door of Perception)에서 우리는 무한한

---

41 심리학자 칼 융이나 동양의 현자들도 꿈을 그렇게 해석했다. (晝思夜夢: 낮에 생각이 밤에 꿈이 된다는 뜻)

러나 우리는 제한된 시간이 지나면 이 육체를 벗어나 자유로운 영혼의
존재가 된다. 그 영혼의 존재는 어떤 상태일까?

나는 상상의 나래를 펴고 그 세계를 그려 본다.

먼저는, 그 세계 자체가 시간과 공간이 존재하지 않는 세계이기 때
문에 우리는 시간과 공간을 초월하게 될 것이다. 그리고 또한 우리는
지식의 한계를 벗어나게 될 것이다. 즉 어린아이로 태어나 성장하는
과정은 참으로 길고도 어려운 과정을 거친다. 이 세상의 살아 있는 동
물 중에 가장 성장이 느리고 학습이 느린 존재가 인간이다. 수많은 세
월 동안에 학습하고 성장하지만 인간은 죽을 때까지 우주는 어떻게 존
재하게 되었으며 인간은 어디서 와서 어디로 가는가? 등 세상의 모든
지식을 다 습득하지 못하고 불완전한 상태에서 생을 마감한다. 그러나
영의 세계에서의 지식은 한순간에 모든 것을 습득하는 세계이다. 거기
에는 과정도 단계도 절차도 자격도 없는 무한대의 세계이다. 그러기에
완전한 세계라고 할 수 있다. 그리고 거기에는 육체를 입고 있음으로
겪어야만 하는 수많은 고통과 장애들이 사라지므로 평안과 안식과 행
복이 있는 곳일 것이다.

이러한 죽음후의 상태를 근세기에 죽음에 대해 가장 깊이 연구하고

42　Larry Dossey. *One Mind*. (Carlsbad. CA.Hay House. 2013) p83; Aldous Huxley. The Door of Per-
　　ception. (Harper Perennial Modern Classic 2004) pp22-24.

평생을 죽음 강연을 하며 전 세계를 여행한 미국 시카고 대학 병원 정신과 의사였던 엘리자 베스 퀴블러 로스 박사는,

사람은 육신이 죽는 순간 영혼이 빠져나와 생생한 의식의 상태에서 모든 상황을 보며 안다. 육체를 가지고 있을 때의 의식이 아닌 새로운 의식으로 모든 것을 인지한다. 그리고 이 단계에서는 제한된 육체를 초월한 완전한 상태가 되며, 장애를 가진 몸이나 병든 몸도 완전한 몸으로 바뀐다.[43]라고 했다.

그런데 나는 정말로 육체를 떠나 영의 세계를 경험한 수많은 사람들이 있다는 사실을 알게 되었고 그들을 연구한 학자들이 많이 있다는 사실을 알고 처음에 놀랐다. 보통 그런 육체를 떠나 또 다른 현실을 경험한 사람들을 학술적인 용어로 임사체험(臨死體驗/Near Death Experience)자라고 부른다. 즉 의학적으로 완전히 사망 판정을 받은 사람들이 일정한 시간이 지나 다시 정상적인 사람으로 살아나는 경우의 상태를 말한다. 짧게는 몇 분, 그리고 길게는 며칠이 될 수도 있다. 그들은 살아난 후에 자신이 육체적으로 죽었을 때 또렷한 의식을 갖고 보고, 듣고 그리고 경험했던 일들을 장황하게 증언을 한다. 단순히 정신이 온전하지 못한 사람들이 흔히 하는 허튼 소리로 취급하기에는 너무나 사실적인 그 증언들은 1970년대 중반에 들어서면서 과학자들에게 하나의 연구 소재로 인정되어 본격적으로 연구를 하게 되었고, 50여 년이 지난 지금 하나의 학문으로 자리 잡게 되었다. 이렇게 서양의 학자들에 의해 시작된 이 학문이 임사체험 연구, 즉 Near Death Experience(NDE)

---

43   엘리자 베스 퀴블러 로스. 사후생. (서울. 여해와 함께. 2021) pp21-22.

연구이다.

임사체험은 사실상 죽음 가까이 간 체험이라고 이름을 붙이기에는 애매한 현상이다. 대부분의 임사체험자들은 의학적으로 완전한 죽음 상태에서 경험되지만, 때로는 최면이나, 마취상태에서, 그리고 때로는 극한 공황상태에서 경험하기도 하고 심지어 어떤 경우에는 극히 정상적인 상태에서 자연 속을 산책하다가도 경험하는 경우가 있다고 연구가들은 말하고 있다.[44]

내가 경험한 또 다른 현실의 세계

이러한 임사체험 연구를 하면서 나는 오래전 어린 시절 나 자신이 경험했던 한 사건을 기억했다.

내 나이 열일곱 살이 되었을 때 나는 스스로 교회를 찾아갔고 그때를 계기로 평생을 기독교인으로 살게 되었다. 처음 약 1년여 동안은 큰 변화 없이 교회를 다니었다. 그러다가 신앙의 친구들을 만나 함께 성경을 공부하면서 점점 더 신앙에 몰두하게 되었다. 그러던 어느 날 저녁 한밤중에 갑자기 교회에 가고픈 마음이 강하게 들었고, 그날은 예배가 없는 평일이었는데 나는 혼자 교회에 가서 열린 예배당에 들어가 무릎을 꿇고 앉았다. 그 순간 갑자기 말할 수 없는 감정이 솟구치면

44　Jeffrey Long. *Evidence of the Afterlife: The Science of Near-Death Experiences*. (New York. Harper One. 2007) pp44-67.

서 눈물이 쏟아졌다. 지금까지 살아오면서 내가 잘못한 일들이 영화처럼 눈앞을 지나갔고 뉘우치며 울기 시작했다. 나는 그러기를 온밤을 지새며 깜깜한 예배당 차가운 마룻바닥에 무릎을 꿇고 앉아 잊지 못할 감격의 시간을 보냈다. 아침이 밝아 오자 마음속 깊은 곳에서 말할 수 없는 기쁨이 솟아올라 왔고 춤을 추고 싶을 정도로 기쁨에 젖어 있었다. 아침 햇살이 예배당 스테인드글라스를 비추기 시작할 즈음 나는 일어나 집에 돌아가기 위해 문을 나섰는데, 그 순간 놀라운 광경이 내 눈앞에 펼쳐졌다. 전혀 내가 알지 못하는 다른 세계가 내 눈앞에 펼쳐진 것이다. 밝게 빛나는 햇빛은 내가 지금까지 보지 못했던 너무나 밝은 빛이었고 그 햇살이 나의 손등과 피부에 닿는 느낌은 마치 포근하고 따뜻한 솜털이 닿는 듯한 느낌이었으며, 그 햇살은 피부에만 닿는 것이 아니라 피부 속으로 스며드는 듯했다. 그리고 햇살에 비치는 나뭇잎들은 영롱한 연녹색이면서 투명한 색깔의 빛을 띠며 온천지가 마치 3차원의 입체 공간처럼 느껴졌다. 현실임이 분명한데 마치 꿈속에 있는 듯이 느껴졌다. 익숙한 골목을 걸으며 좀 더 넓은 길로 나오는 동안 분명히 내가 늘 다니던 길인데도 너무나도 생소한 외국의 어느 도시를 걷는 것 같이 느껴졌다. 그 도시는 너무나 아름답고 깨끗하고 평화로운, 마치 동화 속의 도시를 걷는 것 같았다. 가로수의 춤추는 듯한 흔들림, 산들산들 부는 바람은 마치 아름다운 선율을 뿜어 내는 은빛 향기처럼 느껴졌다. 그런데 더 놀란 것은 저만치 간간이 걸어오는 사람들이었다. 그들의 얼굴과 표정은 너무나 선명하게 지금도 기억이 난다. 그들의 얼굴은 마치 빛이 나는 듯 너무나 아름다웠고, 그들은 나를 보고 만연의 미소를 띠며 인사를 하는 듯했다. 거의가 두 사람씩 짝을 지어 걸어오고 있었다. 대부분 그때 내가 본 사람들은 내가 가는 방향으로 나와 같이 걸어가는 사람들은 없었고, 나를 마주 보고 오는 사람들이었다. 나는 걸어갔지만 나의 발은 땅에 닿지 않은 듯 너무도 가벼웠다. 그러한 이상한 현상은 내가 집을 향해 걸어오던 거의 30여 분 내내 계속되었다. 나의 마음 깊은 곳에서는 말할 수 없는 기쁨이 솟구쳐 올라와 나는 입을 다물 수가 없어서 계속 싱글벙글 웃음을 잠재울 수가 없었다. 그날 아침 나는 이런 경험을 한 후 거의 여섯 달이 지나가도록 솟구치는 기쁨을 주체할 수 없어 혼자 방에서 문을 닫고 춤을 추기도 하고 혼자 있거나 기도를 하는 시간에는 흐르는 눈물은 멈출 수 없을 만큼 하염없이 흘러내리곤 했다. 그 후 나는 하나님과 약속하고 목회자의 길을 가게 되었다.

지금까지 살아오면서 가끔씩 기독교인들이 신앙 간증을 하는 예기를 들으면, 그들이 거듭난 체험을 했을 때 나와 비슷한 경험을 고백하는 것을 들은 적이 있었다. 그래서 어련히 극적인 신앙의 변화를 경험한 사람은 나와 같은 경험을 하는 것이라고 생각하며 지금까지 살아왔다. 그런데 10년 후가 되어도 30년 후가 되어도 지금 거의 50여 년의 세월이 흐른 후에도 그날의 경험이 마지 엊그제의 일처럼 너무나도 선명히 나의 기억 속에 남아 있는 것은 왜일까?[45]

<hr>

45 Bruce Greyson. *After*. (New York. St. Martin's Publishing Group. 2021) pp96-97. Greyson 박사의 주장은 임사체험과 같은 영적인 혹은 초의식의 체험은 오랜 시간이 지나도 엊그제 사건처럼 너무나도 생생하다는 특징이 있다고 했다.

그러나 물리적 세상에서 살면서 지식을 습득한 나 자신은 자연스럽게 나의 그 특이한 경험을 물리적으로 이해를 해 보려고 상상을 하곤 했다. 물론 기독교에서는 영적인 경험이라고 하여 쉽게 받아들이고 이해를 한다. 그러면 그 영의 세계는 물리적 세계와 어떤 상관 관계가 있는 것일까? 두 세계는 공존하지만 다만 물리적 감각으로 경험되지 않는 것뿐일까? 아니면 우리의 의식 내지는 영이 어떤 과정과 단계를 거쳐 그 세계와 교류가 이루어지는 것일까? 그런 의문을 갖게 한다. 지금까지 신앙 생활을 해 오면서, 또 기독교 사역자로 신학이라는 학문을 공부해 오면서 그냥 영적이라고만 이해하고 받아들였던 세계를 나는 임사체험과 같은 학문을 나름 공부하면서 또 다른 단어인 의식이라는 개념을 새롭게 접하게 되었고, 그 세계를 보다 명료하게 조금씩 알아가게 되었다.

그 이후 나는 평생을 살아오면서 여러차례 신비한 경험을 했다.

한 예를 들면 눈으로 본 것은 아닌데 눈으로 본 것보다 더 선명한 어떤 환상을 보았던 일, 즉 눈을 감을 때나 떴을 때나 동일하게 보이는 현상. 또는 특정한 장소에서 일어나는 영들의 활동을 생생하게 감지하고 들었던 일, 또는 특별한 장소와 환경에서 괴이한 힘에 의해 몸이 떠밀렸던 경험 등, 이러한 경험들을 통해 나는 육체 밖에 있는, 혹은 물리적 세계가 아닌 또 다른 비물리적, 혹은 소위 말해 영적인 세계가 분명히 존재하며 그 세계는 물리적 세계 못지않은 또 다른 현실의 세계라는 것을 알았다.

지금도 생생하게 기억나는 또 한 번의 사건은, 내 나이 오십 후반쯤 되었을 때였다. 그때 나는 또 다른 교회에서 목회를 하고 있었고, 순탄치 않은 목회에 많은 어려움을 겪고 있었다. 답답하고 절망적인 마음에 매일 밤 정해진 시간에 혼자 예배당에 앉아 시간을 보내는 일이 있었다. 봄이 지나고 여름이 지나고 낙엽 지는 가을이 지나고 눈 내리는 겨울에도 나는 매일 밤 습관적으로 그런 시간을 보냈다.

그러기를 거의 일 년이 되던 어느 겨울밤, 늦은 시간에 역시 예배당에서 나름 묵상하면서 하나님과 깊은 영적인 교제의 시간을 갖고 있었고, 나는 그분의 무한한 사랑과 은혜를 느끼며 마음에 위로와 감동을 느끼는 시간을 가지고 있었다. 그런데 바로 그때, 조금 이상한 느낌이 들면서 내 마음이 점점 부풀어 오르는 것 같은 느낌을 받았다. 정확하게 마음인지 가슴인지 심장인지는 알 수 없었지만, 마치 풍선처럼 부풀어 오르는 느낌이 점점 계속되었다. 정신은 맑았지만 약간 흥분되는 듯한 느낌도 들었고 크게 거북하지는 않았지만 평상시처럼 편안하지도 않았다. 눈에 보이는 것은 아니지만 분명히 느껴지는 것은 내가 한없이 넓은 공간으로, 그리고 우주로 확장되는 것 같은 느낌이 들었다. 그러면서 위성 사진에서 보는 것처럼 아주 높은 고공에서 작은 지구를 보는 것 같은 느낌을 받았고, 그러면서 그 지구가 너무 좁고 작다는 느낌도 들었다. 그 순간 내가 우주와 하나가 되는 것 같은 느낌이 들었고 한없이 나자신이 크고 대범하다는 감정이 솟구치면서 땅 위의 모든 일들이 하찮은 작은 일이라는 그런 생각이 들었다. 내가 우주의 일부분인 것처럼 느껴지고 지구라는 환경을 초월한 존재라는 느낌이 들자 내가 현실로 직면한 어려움과 고통들은 아주 작은 일처럼, 그리고 이미

지나간 일처럼 생각이 들면서 마음이 너무나 가벼워졌다. 그런 상태가 되니까 마음에는 평안이 오고 행복한 마음이 들어왔다. 그 순간 갑자기 나 자신이 의식되면서 내가 지금 좀 이상해지는 것인가? 하는 생각이 들었고 그 즉시 그러한 현상이 멈추었다. 그때 나의 체험은 기독교적이거나 신앙적인 내용은 아니었다. 그냥 비현실적인 그런 신기한 경험을 했을 뿐이었다. 그리고 정신이 들고 난 다음 두려움이나 무서움은 없었고 현실의 걱정과 염려가 사라지고 평안하고 든든한 마음이 찾아왔다. 순간적으로 나는 기독교인으로 또 신학을 공부한 사람으로, 이러한 나의 경험이 악한 영이 준 것인가 하는 생각을 하게 되었고 나름대로 해석하기를, 경험 후에 나에게 평화가 오고 걱정이 없어졌고, 신앙적으로 혼란스럽거나 불안감이 없는 것을 보면서 악한 영이 준 것은 아니라고 스스로 판단했다. 그러나 그 경험이 무엇인지 구체적으로 이해를 할 수가 없었다. 그런데 시간이 지난 후 많은 영성가들의 연구를 대하면서 비로소 나는 그런 경험들이 나의 확장된 의식의 작용으로 일어난 일일 수도 있을 것이라고 이해하게 되었다.[46]

사람은 동물과 같이 몸을 가지고 있고 물리적이고 물질적인 세상에 살아가면서 자연의 원리와 법칙 안에서 삶을 이어 가고 있다. 그러나 인간은 동물과 달리 영적이며 최고의 지성과 지식을 소유한 존재이다.

....

46 뉴욕 대학 의과 대학 교수이며 중환자 회생 연구소장인 Sam Parnia의 *Lucid Dying* (New York. Hachette Book Group. 2024) pp109-120 내용 중에서 그는 유전성 심장 마비로 사망한 상태에서 경험한 자신의 확장된 의식은 광활한 의식이라고 표현했다. 그리고 그중에서 자신은 지구와 비슷했고 초월의식의 세계는 우주와 같았다고 했다. 그리고 전 세계적으로 성인의 10% 정도는 이러한 초월 의식을 경험하고 있다고 했다.

누구든 일생 살면서 몇 번 정도는 신비한 경험을 한다. 그러나 모든 사람들은 그냥 그런 일이 있겠거니 하면서 대수롭지 않게 지나치며 쉽게 일상으로 돌아간다. 그러나 나는 임사체험을 연구하면서, 우리가 겪는 초자연적인 일이나 현상들은 그냥 우연의 일치로 일어나는 것이 아니라 우리가 육체의 감각으로는 감지하지 못하는 또다른 영적 세계 혹은 의식의 세계를 경험하는 것이라고 이해하게 되었다. 그래서 나는 임사체험이나 의식 연구가 중요하다고 생각한다.

현대과학의 학문 중에 하나인 임사체험NDE(Near Death Experience)에서 주장하는 것은, 사람의 생각과 의식은 뇌 활동의 산물이 아니라 뇌의 외부에 그 근거가 있으며, 그렇기에 뇌활동이 정지된 후에도 존재한다고 주장한다. 그리고 이러한 의식의 세계는 건강한 육체를 갖고 있는 동안에도 지속적으로 육체 외의 세계와 교류가 이루어 지지만 육체라고 하는 기관의 제약을 받기 때문에 감지하지 못한다는 것이다.[47]

그러므로 육체 안에서 혹은 육체를 넘어 존재하는 사람의 생각과 의식은 이제 더 이상 종교적 영역이나 철학자들의 화두가 아니라 과학적 실험과 연구 분석을 통해 우리의 믿음을 견고케 해 주는 현실이 된 것이다. 뿐 아니라 이 연구는 어떤 면에서 인간존재의 근원과, 또한 사후세계의 사실을 보다 명료하게 밝혀 줌으로 불리적 세계를 넘어 비물리적 세계에 대한 우리의 이해에 또다른 지평을 여는 계기가 될 것이 분

47 John C. Hagan III. *The Science of Near Death Experiences*. (Columbia Missouri. University of Missouri Press. 2017) pp103-110.

명하다.

　죽음은 무엇인가? 천국과 지옥은 존재하는가? 신은 존재하는가? 환생은 있는 것인가? 등 그동안 수만년 인류가 추구해 온 미지의 세계에 대한 새로운 여행이 현대 첨단 디지털 문명과 함께 시작되는 시점에 우리는 도달한 것이다.

제4장　사람과 의식의 근원

의식 연구의 역사

프랑스의 철학자 데카르트(Descartes, Rene 1596-1650)는 플라톤적 이원론, 즉 인간은 육체와 영혼으로 이루어져 있다고 하는 사상을 근세기 물질주의적 문명 세계에 전달해 준 현대 철학의 아버지이다. 그는 변증법적인 방법으로 육체와 정신 세계의 분리를 증명한 철학자로 유명하다.

우리는 진리를 알기 위해 우선 모든 것을 의심해야 한다. 심지어는 수학, 기하학의 원리까지도. 그러나 우리가 의심하고 있다는 그 생각은 의심의 여지없는 사실이며 실체이기 때문에 모든 진리는 바로 그 생각에서부디 출발해야 한다 그리고 그 생각은 물질과는 관계가 없는 존재이며 그렇기 때문에 생각은 육체(물질)와 관계없이 독립적으로 존재한다.[48]*라고 했다.* 이어서 그는 그 생각

48　*세계철학 대사전. (서울. 성균서관, 1980) pp207-208.*

에서부터 신의 존재 증명을 시도했으며, 결국 세계는 정신, 신, 그리고 물질로 구성되어 있다고 했다. 그런데 문제는 우리의 육체 안에서 정신은 어떻게 작용하며 육체 안에서 정신의 위치는 어디인가에 대한 의문을 갖게 된다. 이에 대해서 그는 말하기를 사람이 외부로부터 자극을 받으면 신경회로를 통해 송과선(松果腺, pineal gland)[49]에 전달되고 마음의 장소인 송과선은 다른 뇌신경회로에 지시를 내려 반응을 하게 한다고 하여 송과선이 정신과 마음의 좌소라고 했다.[50]

　이러한 뇌와 마음, 혹은 의식의 관계를 연구한 실험들은 근세기에 접어 들면서 본격적으로 시행되어왔다. 19세기에 들어와서는 조직적으로 연구하기 시작했는데, 1876년에 물리학자인 아일랜드의 왕립 과학대학 교수였던 윌리엄 베럿(William Barrett)[51]은 영국 과학 진흥협회에 사고전이(思想轉移; Thought transference)라고 불리는 실증적 실험 증거를 제시했다. 6년 후 베럿은 오늘날 심령술 혹은 정신현상이라 불리는 정신 능력을 연구하기 위해 최초의 과학 재단인 심리연구 협회

49　송과선은 뇌수의 한중앙에 있는 5-8mm 정도 되는 작은 솔방울 모양의 기관으로 멜라토닌과 같은 호르몬을 분비하여 생체리듬, 항산화 작용, 면역체계에 영향을 끼친다. 데카르트는 다른 뇌기관과 달리 독립적이고 분리되어 뇌의 중앙에 위치했다는 것으로 사람의 생각의 좌소로 보았지만 현대 신경 의학에서는 의식과는 큰 관계가 없는 것으로 보고 있다. 일부 양자 역학자 중 Roger Penrose 같은 학자는 송과선이 어느정도 의식과 연관성이 있는 것으로 주장한다.

50　김필영. *5분 철학*. (서울. 스마트북스, 2022) pp39-49.

51　William F. Barrett은 British Association for the Advancement of Science (BAAS)의 Glasgow 제46회 회의에서 "On Some Phenomena Associated with Abnormal Conditions of Mind"(비범한 마음의 상태와 관련된 현상들)이라는 제목의 논문을 통해 텔레파시의 실제를 증명했다. 이러한 내용은 영국런던 도서관 사이트에 전문이 수록되어 있다.
　　https://onlinebooks.library.upenn.edu/webbin/serial?id=repmeetbaas

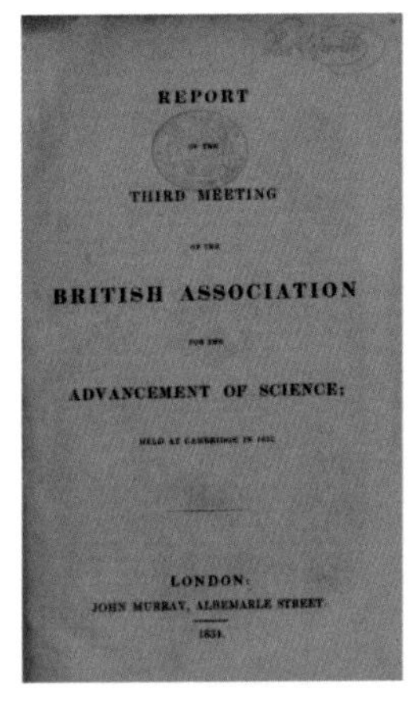

BAAS 회의 보고서

(SPR: Society for Psychical Research)를 런던에 설립했다. 이 협회에는 초기 무선 전신 개발에 기여한 올리버 로지 경(Sir Oliver Loge), 불활성 기체인 아르곤을 발견해 노벨상을 받은 바론 레히(Baron(John Strutt) Rayleigh), 캠브리지 대학 교수 핸리 시지윅(Henry Sidgwick) 등이 참여했다. 이 협회에서는 이후 수많은 실험들이 실제 진행되었고 상당히 많은 성과들을 거두어 오늘날 심리학, 신경과학, 의학에 표준 도구가 되기도 했다.[52]

그 결과 한 세대가 지나도록 사람의 뇌 밖에서 마음이 존재하는가 하는 연구는 진행되었고 근세기에는 임사체험 연구를 통해 마음, 혹은 인간의 의식은 뇌와 분리되어 있다는 수많은 가능성을 제시하므로 전통적인 물리적 해석의 수정을 요하고 있는 실정이다. 더욱이 대부분의 임사체험은 물리적 뇌의 손상이나 뇌사 상태에서 일어난다는 사실은 뇌와 의식이 분리되어 있다는 결론 외에는 설명할 방법이 없게 된 것이다.[53]

물론 지금까지도 세상에는 뇌가 마음과 의식을 만들어 낸다고 하는 굳건한 믿음을 신앙처럼 지키고 있는 것이 대세이며 이를 깨뜨리는 것

---

52   John C. Hagan III. *The Science of Near Death Experiences.* (Columbia Missouri. University of Missouri Press. 2017) Ibid. pp29-35.

53   Ibid. p29.

을 금기시까지 한다. 그러나 한 세기가 지나도록 신경과학은 엄청난 발전과 성공을 하고 있음에도 불구하고 의식은 무엇으로 구성되는지 아직도 밝히지 못하고 있다.[54] 노벨 물리학 수상자인 유진 위그너(Eugene Wigner)는 *현재 우리는 정신 상태와 물리 화학적 과정이 어떻게 연결되어 있는지 전혀 알지 못한다.*[55]라고 했다.

의식이 뇌에서 생성된다는 일반적인 개념이 설득력 있는 이유는, 외상이나 뇌졸중, 비타민의 결핍, 혹은 뇌종양이나 감염 등으로 뇌가 손상을 입을 경우 정신 기능에 혼란을 일으키고 의식을 잃는 것 때문이다. 그러나 미국 텍사스 달라스에 있는 메디컬 씨티 책임자인 레리 도시(Larry Dossey) 박사는 뇌와 의식의 관계를 텔레비전 수상기와 비교했다. 즉 TV가 물리적 손상을 입으면 화면이 중단되고 기능을 못하지만 그것은 TV 자체가 화면의 내용을 만들기 때문에 화면이 중단되는 것이 아니라 방송국에서 오는 신호를 재생하지 못하고 차단하기 때문에 화면을 볼 수 없는 것과 같이 인간의 뇌는 뇌 외부에 있는 의식과 마음을 육체에 전달해 주는 수상기와 같은 역할을 한다고 했다.[56]

2천 년 전 의학의 아버지 히포크라테스는 그의 에세이 「병의 비밀」이라는 글에서 *뇌는 의식의 전달자요 해설자이다.* 라고 했다.[57]

....

54   Larry Dossey. *One Mind.* (Carlsbad. CA. Hay House. 2013) p80.

55   Ibid.

56   Ibid. p81

57   Ibid. Hippocrates. Vol2. The Loeb Classical Library. Cambridge. (MA; Harvard University Press. 1952) p179.

근세기 노벨상 수상자와 몇몇 학자들의 연구

존 에클스(John Carew Eccles)는 호주의 과학자로 1963년에 노벨상을 받았다. 그의 연구는 인간의 의식과 마음이 뇌에서 생성된다는 가정하에 뇌작용을 연구하여, 뇌세포 간에 전기 신호를 통해 뇌세포가 활성화되어 정보가 전달된다는 실험에 성공했다. 그는 이 과정을 설명하면서 세포막의 미세한 구멍들이 확장이 되어 나트륨과 같은 이온전자 전하를 띤 원소가 세포 내부로 들어가 점점 확장되어 범람할 때 세포의 전하가 역전되면서 다른 세포로 연쇄 반응을 일으켜 정보가 전달이 된다고 했다. 이로 인해 그는 화학적 매개체가 한 신경 세포에서 다음 신경 세포로 전기 신호를 전달하는데 얼마나 중요한지를 보여 주었기 때문에 그 공로로 노벨상을 받았다.[58] 그런데 그 이후 그는 계속해서 뇌의 헤마 작용과 시상, 그리고 소뇌를 연구하면서 혼란에 빠졌다. 그는 과연 뇌의 화학작용이 마음과 정신을 만들어 내는가 하는 데 의문을 갖기 시작했고, 후에는 마음과 의식은 단순히 시넵스(Synapses) 전달을 통해 일어나는 것이 아니라 복잡한 양자 역학적 원소의 작용이 포함되어 있다는 가설을 주장하게 되었다.[59]

메건 그렉(Megan Graig)은 스토니 브룩에 있는 뉴욕 대학의 철학 교수이다. 그녀는 딸의 학교에서 열린 아이스 스케이트 캠프에 갔다가

---

58   Sam Parnia. *Lucid Dying*. (New York. Hachette Books. 2024) pp214-215.

59   Ibid. p216

빙판에 넘어져 뇌를 다치게 되었다. 거의 며칠동안 기억 상실에 걸렸고 점점 시간이 지날수록 증세가 악화되었다. 그런 과정을 거치면서 그녀는 자신의 뇌작용에 대해 많은 관찰을 하게 되었다. 그녀는 자신은 얼마나 뇌와 분리되어 있는지에 대해 많은 사고를 하게 되었다고 했다. 일반적으로 뇌 질환 환자들은 의식이 없고 마음이 없는 것으로 생각하기 쉽지만 치매 환자와 같이 뇌 질환 환자도 자의식, 정신, 마음은 결코 사라지지 않는다고 했다. 다만 기억이 상실되고 손상된 뇌 때문에 어느 정도 기능장애는 있지만 결코 자신을 잃지는 않는다는 것이다. 어떤 면에서는 마음과 자아가 손상된 자신의 뇌를 관찰할 수 있다고 했다. 즉, 신체 장애자가 자신의 장애를 보는 것과 같다는 것이다. 그녀는 회복된 후 증언하기를

우리의 의식, 인식, 마음, 자아는 결코 신체의 부산물이 아니다. 신체와 밀접히 관계하는 독립적인 존재이다. 우리의 모든 행동은 생각과 의도에서 비롯되는데 의식과 사고는 결코 화학작용에서 기인되는 것이 아니다. 라고 했다. 그리고 그녀는

나는 지난 몇 달 동안 뇌기능 장애로 나의 뇌를 관찰하는 증인처럼 느껴졌다. 그러나 나는 나의 뇌 안에 있지는 않았다. 라고 했다.[60]

신경과학자 내나드 새스탄(Nenad Sestan)은, 사람은 다른 동물과는 달리 문학, 예술, 철학, 과학 등 복합적인 인지 능력을 가진 존재이며 결코 동물적인 존재가 아니라고 했다. 그리고 사람의 뇌는 침팬지의

---

60 Ibid. p220.

뇌보다 세 배가 크지만 단지 뇌가 크다고 해서 사람의 능력이 뛰어난 것은 아니며 사람보다 뇌가 더 큰 동물도 있다고 했다. 또한 사람의 뇌는 절반이 손상이 되어도 다른 부분이 보완되어 작용하여 정상적인 생활을 할 수 있다고 했다.

그는 저명한 의학잡지 렌셋에 기고하기를 44세된 한 프랑스 남성은 다리에 힘이 약해졌다고 병원에 와서 진찰을 했는데 그의 뇌가 90% 기능을 하지 않은 상태였다고 한다. 그럼에도 그는 정상적인 생활을 했다는 것이다. 그가 또 주목한 것은 뇌의 세포 간의 복잡한 연결이 인간다운 의식을 갖게 하는가 하는 의문을 제기하고 그에 대해 답하기를 그러한 기능들이 인간의 정교한 죄책감이나 양심, 걱정 혹은 행복감 같은 의식을 생성하는 데 대해서는 의문을 제기했다.[61]

2022년 7월자 세계적 과학잡지인 「Nature Reviews」에 기고된 **영국의 서섹스 대학의 의식과학 센터 소장이었던 아닐 샛(Anil Seth)** 박사의 글에는 인간의식의 기원에 대한 다양한 이론을 언급했는데, 고차 이론(higher-order theory), 자기조직화 메타 표현 이론(self-organizing meta-representational theory), 글로벌 작업 공간 이론(global workspace theory), 신경 다윈주의 이론(neural Darwinism theory), 야수 기계 이론(beast machine theory), 자립심 이론(self come to mind theory) 등 무수한 이론들을 제시했는데, 비평가들은 말하기를 무수히 많은 이론이란 과학자들이 인간의 의식의 기원에 대해서 확실히 모른다는 뜻이

61   Ibid.pp222-224.

라고 했다. 예를 들면 심장마비의 원인에 대해서는 그렇게 많은 이론이 필요 없는 것처럼, 지금까지의 과학은 인간의 의식의 기원에 대해 전혀 모른다는 뜻이라고 했다.[62]

외일드 펜필드의 연구

근세기에 의학계에서 신경과학의 아버지로 불리는 카나다의 와일더 펜필드(Wilder Graves Penfield, 1891-1976)는 젊은 시절 수많은 실험을 했다. 즉, 인간의 뇌의 각 부분을 전기로 자극해 그 기능을 확인했고 그 결과 그는 인간에게 영혼은 없으며 오직 뇌 기능만 있을 뿐이라고 주장했다. 그러나 50년이 지나 그가 노년이 되어서 평생 연구한 결론으로

*마음과 뇌는 분리되어 있으며, 인간의 의식이나 마음은 뇌의 메커니즘으로 축소될 수 없다는 것을 나는 믿게 되었다.*라고 했다.[63] 그가 노년에 쓴 그의 저서 「마음의 신비」(The Mystery of the Mind)에는 갓난아기의 뇌 발달과정을 자세히 설명하면서 어떻게 사람의 뇌와 마음이 관계를 하는지를 묘사하고 있다.

아기는 태어나면서 능동적인 신경계를 가지고 태어난다. 숨을 헐떡이고 소리 내어 울고 엄마의 젖을 빨고 삼키며 몸 안에서 영양을 공급하는 일련의 작용을

62 Ibid.pp224-225.

63 Melvin L Morse. *Closer to the Light: Learning from Near Death Experiences of Children* (New York. Villard Books. 1990) pp99-102.

일으킨다…. 시간이 지나가면서 아이는 그 안에 있는 마음으로 의식하고 흥미를 갖고 주위에 반응을 하기 시작한다(팬필드 박사의 마음은 단순한 뇌의 작용으로 인한 것이 아니라는 의미를 갖고 있다). 몇 달 안에 꽃, 강아지, 나비와 같은 개념을 인식하고 엄마의 말소리를 듣게 된다. 그리고 언어의 목적을 이루기 위해 측두엽의 넓은 피질에 프로그램을 하느라 바쁘다. 주의를 기울이고 탐구한 모든 내용을 저장하고 기억한다. 그러나 관심을 갖는 것만 우선 저장을 한다. 그리고 저장한 내용들을 조정하고 선택하고 계속 수정을 해 나간다. 아기가 강아지라고 하는 표현은 앵무새가 하는 것과는 차원이 다르다. 먼저 강아지가 의식의 흐름에 나타나면, 최상위 뇌기전(The Highest Brain Mechanism)[64]에서 패턴화된 뉴런 매세지를 전달한다. 동시에 과거의 기록이 스캔되고 해마 시스템을 통해 유사한 모습이 재현된다. 그리고 마음은 이렇게 의식의 흐름에 나타

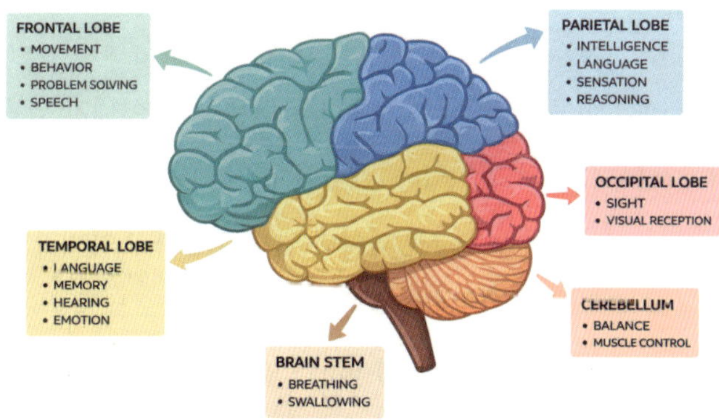

....

64 펜필드 박사가 말하는 최상위 뇌기전(The highest brain mechanism)은 일반적으로 뇌의 가장 앞쪽에 위치한 전두엽(Frontal lobe) 내에서도 특히 고차원적 인지 기능을 담당하는 전전두피질(Prefrontal cortex) 영역을 말한다.

난 두 이미지를 비교하고 유사성을 본다. 그리고 현재 경험된 이미지로 수정되고 패턴화된 신경 메시지가 형성된다. 이 메시지는 음성 메커니즘으로 전달되고 "강아지"라는 단어가 의식안에서 번쩍 떠오른다. 그리고 운동피질의 관절 영역에 있는 회백질(Gray Matter)에 매세지가 전송된다. 그리고 아기는 "강아지"라고 큰 소리로 말하고 의식적으로 만족감이 들면서 웃는다. 이런 모든 일련의 과정은 철저하게 의식적인 주의의 관점에 따라서 마음이 최상위 뇌기전을 조정하기 때문에 일어나는 것이다.[65]

펜필드 박사는 마음과 뇌의 작용을 설명하기를 사람은 최상위 뇌기전이 정상적으로 작동하기만 하면 주변의 하부 뇌 기능이 손상으로 인해 작동하지 않더라도 의식이 존재한다고 했다. 그리고 그는 이를 뒷받침할 자신의 경험담을 소개했다.

그가 만났던 환자는 당시 러시아 최고의 물리학자 래브 란두(Lev Landu)였다. 그는 교통사고로 입원을 했고 의식이 완전히 없는 상태였다.

그는 눈은 떠있었지만 팔과 다리는 완전히 마비 상태였다. 이튿날 팬필드가 병실에 들어 갔을 때는 급히 달려온 그의 아내가 남편에게 자신이 한 말을 설명하고 있었다. 캐나다에서는 더 이상 할 수술이 없고 러시아에 돌아가면 뇌수술을 받아야 할지 모른다고 아내가 말하자 그동안 무의식의 상태에 있던 환자의 눈동자가 정상으로 움직였다. 팬필드가 볼 때 그 환자는 아내가 설명하는 말을 이해하는 듯 보였고 눈

....

65 Wilder Penfield. *The Mystery of Mind; A critical Study of Consciousness and The Human Brain.* (New Jersey. Princeton University Press. 1970) pp57-59.

이 팬필드에게 옮겨져 확인이라도 하는 듯 유심히 보았다. 그리고 자신의 상태에 절망하듯 눈을 아래로 내렸다. 아내는 소리쳤다. *남편이 머리를 좌우로 움직였어요 확실해요!* 팬필드는 말하기를 그는 뇌간 위쪽 반구 언어, 시각, 청각 메커니즘에 손상을 입었고 하부 뇌간 척수 말초신경에 메시지를 보내야 하지만 중뇌의 출혈로 신경이 전달되지 못했다고 했다. 그는 의식이 있었지만 근육 쪽으로 많은 메시지를 보내 아내의 손을 잡고 싶었으나 손이 움직이지 않았다고 했다.

팬필드는 그를 다른 의사에게 보였지만 그 역시 수술의 필요성이 없다고 판단했다. 그 후 그는 모스크바로 이송이 되었고, 그는 이미 레닌상을 수상한 러시아 최고의 과학자였던 고로, B.G. Egorov 교수의 지도 아래 극진한 돌봄을 받았다. 후에 팬필드는 그가 비록 천천히지만 나아지고 있다는 소식을 들었다. 사고 6주 후 대부분 그의 제자들이었던 많은 러시아의 물리학자들 그리고 물리 치료사들을 통해 돌봄을 받았다. 점차 회복되어 갈 때 그는 노벨 물리학상을 수상했고, 9주 만에 팬필드가 중국의 대학병원을 방문한 후 러시아에서 그를 다시 만났을 때 그는 물리치료를 계속 받고 있는 상태였다.[66]

팬필드 박사는 그의 상태를 다음과 같이 정리했다. 환자는 사고로 뇌간의 진도성 기관인 회백질에 작은 출혈이 처음에 발생했다. 그리고 그 후 6주 동안 출혈은 점차로 뇌의 자체 순환을 통해 흡수되었고 뇌간의 신경섬유를 통해 신경이 회복되었다. 그리고 남은 것은 하지 회생

---

66 Wilder Penfield. Ibid. pp68-71.

에만 문제가 있었다. 팬필드가 다시 만났을 때 그는 이전에 사고 직후 병원에서 아내가 했던 설명을 다 기억하고 있었다. 그러나 분명 그때 그의 뇌는 정상적으로 기능을 하지 않은 상태였다. 이를 팬필드는 뇌가 기억한 것이 아니라 그의 마음의 일시적 작용이라 해석했다. 마음은 뇌의 경험적 회상 메커니즘이 필요치 않다고 했다. 다만 평상시 활동하는 의식의 흐름의 메커니즘만 있으면 된다고 한다.[67]

9개월이 지난 후 모스크바 병원에서 팬필드가 그를 다시 만났을 때 그는 팬필드를 비롯해 그때의 모든 일들을 기억하지 못했다. 팬필드는 말하기를 과거의 기억을 스캔하고 회상하기 위해서는 적어도 측두엽의 하나 이상의 헤마가 있는 메커니즘이 작용해야 한다고 한다. 그러나 그러한 메커니즘은 정상이었던 기간에만 작용을 하기 때문에 비정상이었던 그 이전의 일들을 스캔할 수 없었던 것이라고 했다. 다만 이전에 잠깐 동안 기억했던 것은 다른 작용에 의해 일시적 현상이 있었다고 본 것이다[68]. 이에 대해 팬필드는 두 가지 중요한 사실을 확인했다. 첫째, 의식이 있는 동안에 최상위 뇌기전(The Highest Brain Mechanism)이 어떻게 하부 뇌의 메커니즘을 활성화하게 하는지를 보여 주는 실례이며, 둘째, 마음은 의식의 흐름의 메커니즘이 진행되는 동안에도 자신에게 들어온 정보를 보존할 수 있다는 사실이다. 그러나 뇌의 스캔 및 회상의 특수한 메커니즘이 정상 작동하지 않는 한 마음은 스스로

67　Ibid.

68　Ibid. pp69-70.

과거를 회상할 수 없다는 것이다.[69]

이상과 같이 팬필드 박사는 뇌와 마음, 혹은 의식의 상관관계를 분석하면서 뇌와 마음은 상호 의존적이지만 궁극적으로는 서로 분리된 존재라는 것을 제차 한 것이다.

마이클 세봄의 연구

좀 더 구체적인 의학적 사례로 미국의 죠지아 에모리 대학병원의 신경외과 의사인 마이클 세봄(Michael B. Sabom) 박사의 연구 결과를 살펴보려고 한다. 이 내용은 그의 책 「빛과 죽음: 임사체험에 관한 한 의사의 흥미로운 이야기」에서 발췌된 것이다.[70]

새봄 박사는 1991년에 시행된, 35세의 팜 레이놀즈(Pam Reynolds)라는 여성의 뇌 동맥 파열 수술 과정을 상세히 기술했다. 이 수술은 에리조나 피닉스에 있는 배로우 신경학 연구소소장인 로버트 스페츨러 박사가 집도했는데, 그는 저체온성 심정지수술을 개척한 유명한 의사였다.

그녀는 뇌의 깊숙한 곳에 있는 동맥이 파열되어, 수술 절차에 들어갔다. 먼저 눈은 건조하지 않도록 윤활제를 놓고 테이프로 봉했다. 전신마취 후 모든 신체 기능을 모니터링했다. EEG(뇌파), EKG(심전도)를 모니터링했다. 그 다음은 폐

69   Ibid. p71.

70   Micheal Sabom. *Light and Death: One Doctor's Facinating Account of Near Death Experiences.* (Grand Rapids. MI. Zondervan. 1998) pp 37-82.

동맥의 혈류를 측정, 그리고 방관 요도의 온도를 측정, 또한 뇌 표면 온도측정, 그리고 귀에 삽입된 성형 스피커와 귀를 막고 있는 작은 스피커를 통해 큰 클릭 소리를 냄으로써 뇌간 청각 상황을 모니터링했다. 그리고는 90분 후에 수술이 시작되었다.

환자의 머리 쪽에는 집도하는 스페츨리 박사를 포함한 신경외과 의사들이 있었고, 발 쪽에는 심장외과 팀이 있었고 그 곁에는 거대한 크롬 헤드 펌프 산소 공급기와 심폐 우회 장비를 갖춘 심장펌프 기술자들이 있었다. 그리고 환자의 왼쪽에는 신경마취과 전문의 들이 환자의 생명 징후와 뇌 기능을 모니터링 하고 있었다. 이들의 완벽한 조합으로 수술이 시행되었다.

두개골이 열리고 혈액이 급격히 냉각되어 심부 체온이 약 10분만에 25도로 떨어졌다. 비정상적으로 작동하는 심장을 염화칼륨 정맥주사로 멈추게 했다. 그리고는 심폐 우회 기계에 연결했다. 그때 환자의 뇌파는 평행을 유지했다. 냉각이 진행됨에 따라 뇌파는 완전히 멈추었다. 수술대를 위로 기울이고 뇌에서 혈액을 빼내 손상된 동맥을 안전하게 제거했다. 동맥을 복구한 후에 따뜻해진 혈액이 체내로 주입되었고 환자는 점차 회복되었다. 그러나 소생 도중에 심장이 갑자기 멈추어 두 번의 심폐소생의 충격을 주었다. 바로 그때 심장은 완전히 멈추었고 뇌파는 평행으로, 그리고 뇌간 청각 유발 전위가 멈추었고 뇌에서 혈액이 완전히 사라졌다. 이 상태는 의학적으로 완전한 사망의 상태였다. 그 후 환자는 전기충격(CPR)으로 소생했고 소생한 환자는 생생한 임사체험 경험을 예기했다.

- 음악가였던 그녀는 자신의 두개골을 특수한 수술 톱으로 자르는 소리를 D 음으로 들었다고 했다. (귀에는 특수한 스피커로 큰 클릭음이 계속 들리는

상태였음.)

- 자신의 몸을 떠나 신경외과 의사의 어게 너머에서 자신의 두개골을 자르는 모습을 보았다.

- 자신의 머리를 깎는 것을 봤고 어떤 여자 간호사가 정맥과 동맥이 작다고 하는 말을 들었다.

- 그 다음은 빛을 향해 터널로 끌려 들어갔다. 그리고 돌아가신 할머니의 목소리를 들었다.

- 밝은 빛 가운데 수많은 죽은 친척들을 보았다.

- 친척들이 너는 돌아가야 한다 하는 말을 들었고 그때 아이들이 생각나서 몸으로 돌아왔다고 했다.

그리고 그녀는 말하기를 그때의 시각과 청각 모든 감각은 본래의 자신(몸에 있었을 때)의 것보다 훨씬 명료했다고 했다.[71]

이에 세봄 박사는 그녀가 의학적으로 완전한 사망 상태에서 정상적인 의식을 갖고 모든 수술 과정을 볼 수 있었다는 것은 뇌와 의식은 분리되어 있다는 증거라고 했다.[72]

---

71 Ibid.

72 세봄 박사는 환자의 수술과정의 모든 것을 40페이지가 넘는 긴 내용으로 상세히 기술했고 환자가 의학적으로 완전히 사망한 상태에서 경험한 선명한 일들을 또한 자세히 기술했다. Micheal Sabom. Ibid. pp 37-82.

칼 레슬리의 연구

뇌기능에 대한 일반적인 믿음인 의식이 뇌에서 생성된다고 하는 이론을 불식시킬 또 다른 한 연구가 있다. 미국의 저명한 행동 심리학자인 칼 레슬리(Karl Lashley)의 실험이다. 그는 쥐에게 특정한 행동을 하면 음식을 주는 훈련을 시켰다. 그리고는 쥐의 뇌의 각 부분을 자극해서 어느 부위가 그러한 훈련을 기억하는 곳이며 그리고 행동을 유발하는지를 조사했다. 그러나 예상과는 전혀 다르게 뇌의 어떤 부위도 쥐의 훈련된 행동을 저장했다가 반응을 보인 부분이 없었다는 것이다. 이로 인해 레슬리는 기억은 뇌의 어느 특정 부위에 저장되는 것이 아니고 대뇌피질 전체에 분포되어 있는 것 같다고 했다. 사람이 아닌 동물의 경우도 기억을 담당하는 특정한 뇌가 있는 것이 아니라는 것을 증명한 것이다. 그러면서 그는 *기억은 어디든지 있고 특정한 곳에는 없다(memory is both everywhere and nowhere in particular).* 라는 유명한 말을 했다.[73]

뇌는 의식을 만들지 않는다

죽음 내지는 뇌기능이 정지된 상태에서도 의식이 있으며 뇌가 의식을 만들어 내지 않는다는 이론은 이미 오래전부터 수많은 학자들이 주

73　Larry Dossey. Ibid. pp77-80.

장해 온 사실이다.

영국의 철학자 올더스 헉슬리(Aldous Huxley)는

대체로 쓸모없고 상관없는 무더기 정보에 압도되어 쩔쩔매지 않도록 우리를 보호하는 것이 뇌와 신경계의 기능이다. 뇌와 신경계는 정보 대부분을 아무 때나 인식하거나 기억하지 않아도 되도록 차단하고 실제로 필요할 것 같은 아주 적은 양의 정보만 선택해서 남긴다. … 우리가 동물인 이상 무슨 수를 써서라도 살아남는 게 우리의 일이다. 생물학적으로 생존하려면 종잡을 수 없는 정신이 뇌와 신경계의 감압 벨브를 통과해야 한다. 감압 벨브를 통과하고 나면 우리가 이 행성의 표면에서 살아가는 데 도움을 줄 쥐꼬리만 한 의식만 남는다.[74]라고 했다.

직접 임사체험을 한 하버드 의과대학 신경외과 교수였던 이븐 알렉산더는, 사람은 임종시에 명석한 의식(terminal lucidity)이 갑자기 나타난다는 것이다. 즉 치매 노인들이 죽음이 임박했을 때 놀라운 인지, 기억, 통찰, 회상 능력이 나타난다는 것이다. 또한 후천적 서번트 증후군(acquired savant syndromes)라고 하는, 뇌가 정상적으로 기능을 하지 못하거나 손상된 상태에서 갑자기 초능력을 보이기도 한다는 것이다. 예를 들면 탁월한 계산능력, 직관력, 음악성을 보이거나 숫자, 이름, 날짜, 사각 장면에 대한 완벽한 기억력을 보인다는 것이나. 이러한 현상은 뇌 신경의학으로는 설명할 수 없는 일이라고 했다.[75]

74 Bruce Greyson. Ibid. pp127-128; Aldous Huxley. *The Door of the Perception.* (Harper & Row. 1954)

75 이븐 알렉산더. *나는 천국을 보았다. 두번째 이야기.* (서울. 김영사. 2020) p116.

이 단원을 결론 지으면서 도시 박사의 글을 요약하려고 한다. 도시 박사는 옥스포드 대학의 철학 교수였던 페르디 난드 쉴러(Ferdinand C.S. schiller)의 말을 인용했다. *물질(뇌)은 그것이 내포하고 있는 의식을 조절하고 제한하며 억제하는 훌륭하게 계산된 기계이다. 물질은 의식을 생산하지 않는다. 제한하고 특정한 한계 내에서 그 강도를 조절할 뿐이다. 뇌의 외상으로 의식 자체가 영향을 받지만 의식 자체가 소멸되는 것은 아니다.* 라고 했다고 한다.[76]

1927년 노벨 문학상을 받은 프랑스의 헨리 베그슨(Henri-Louis Bergson)은 *뇌가 생존과 생식에 필요하지 않은 요소를 배제하고 마음을 조절하고 제한한다. 뇌는 생명에 대한 주의의 기관이면서 더 넓은 인식을 방해하는 장애물이다. 이러한 뇌의 방해로 기억은 거짓이 있을 수 있으며 뇌는 정보를 생물학적으로 필요하지 않는 내용들을 가려낸다. 그러므로 우리의 기억이 뇌에만 존재한다는 증거는 없다.*[77]라고 했다.

마음과 뇌의 상관관계에 대해서는 전문가들의 더 많은 신뢰할 만한 이론이 있다. 심리학자인 윌리엄 제임스(William Jam)는, 트라우마나 약물, 충격 등으로 기억력이 저하되고 뇌가 혼란을 일으키는 것은 사실이지만 그렇다고 뇌가 의식을 생성한다는 증거는 될 수 없다는 것이다. 뇌와 마음(의식) 간에는 또다른 관계가 있다는 것이다. 한 예를 들면, **첫째**는 허용적 기능(Permissive Function)처럼 마치 석궁의 방아쇠

---

76   Larry Dossey. Ibid. p81.

77   Ibid. pp81-82; Henri-Bergson. *The Creative Mind*. (New York. Citadel Press. 1946)

와 같은 역할이며, **두 번째**는 투영적 기능(Transmissive Function)으로 렌즈나 프리즘, 혹은 피아노의 건반 같이 하나의 마음을 전달하는 매체 역할을 한다는 것이다.[78] 즉 뇌는 외부에서 오는 육체적이지 않은 정보들을 신체적으로 이해하고 인지하고 감지할 수 있도록 변환하는 역할을 하며 그 과정에서 오류도 발생할 수 있는 가능성이 있다는 것이다. 이러한 뇌와 의식, 혹은 마음의 상관관계는 인과관계, 즉 뇌가 원인이 되고 의식이 결과가 되는 관계가 아니라 종속적 관계라는 것이다. 예를 들면 밤과 낮이 분명히 상관관계가 있는 것이 사실이지만 낮이 밤을 만들어 내지 않고 밤이 낮을 만들어 내지 않는 것과 같다는 것이다.[79]

앞에서 일련의 학자들이 이미 언급한 대로 뇌는 초 자연적인 의식 내지는 마음을 육체에 전달하는 통로이자 걸러 내는 필터의 역할을 한다는 것을 임사체험 자들이 직접 얘기하는 사례들이 많이 있다. 부루스 그레이슨 박사가 만났던 임사체험자인 Steve Luting은 8살 때 익사 사고로 임사체험을 했다.

내가 물속에 계속 가라앉고 있을 때 곧 죽을 것 같다는 무서움이 몰려오면서 겁에 질렸다. 무엇을 해야겠다고 생각했지만 할 수 없었고 … 그 순간 나는 겁에 질린 사람을 보는 사람처럼 밖에서 나자신을 보는 상태로 갑자기 비꿔어졌다. 그리고 침착해졌다. 그러나 한편으로는 겁에 질린 사람이었다. 그 순간 내 정신

78　Ibid.

79　Larry Dossey. Ibid. p.82.

이 어른처럼 바뀌어졌다가 그 다음에는 그것을 뛰어 넘는 정신으로 확장되었다. 아이의 뇌를 벗어나 진정한 나의 본질을 다시 드러낼 수 있다고 생각이 들었다. 그 순간 모든 것이 깨달아졌다. 뇌는 모든 것을 걸러내고 우리 생각에 도움을 주기보다는 방해하면서 속도를 늦추고 물질세계에 집중하게 한다. 어쩌면 뇌가 워낙 잘 걸러 내고 집중시키기 때문에 우리는 전생이나 미래의 일을 기억하지 못하는지 모른다. [80]

또 다른 임사체험의 경우이다.

21세된 Lynn이란 여성은 모임을 마치고 자전거를 타고 집으로 오던 중 음주 운전자의 차에 치어 머리를 다치고 현장에서 사망했다. 때마침 모임에서 만났던 한 간호사가 차를 몰고 뒤따라오다가 심폐소생술로 생명을 건져 응급실로 호송되었다. 그 도중에 그녀는 임사체험을 했다.

처음에는 모든 게 깜깜했다. 그리고 멀리 보이는 빛을 향해 갔는데 순식간에 빛에 도착했다. 그곳은 시간이 끝나는 곳이라 느꼈다. … 그곳에는 벽이나 경계가 없고 그저 빛과 존재들만 있었다. 빛은 자석과 같아 떨어질 수가 없었다. 우리는 서로 사랑했고 소통했다. 이 땅에서처럼 대화를 하지 않았지만 서로를 알았다. 육체는 없었지만 볼 수 있었다. … 한 달 정도 지났을 때 뇌가 조금씩 기능을 하기 시작했고 정신이 들었다. 그때 나는 젠장 내가 가진 거라고는 뇌밖에 없구나 그런 생각이 들면서 다시 인간이 된 것을 불평했다. 그 후 내가 깨달은 것은 우리가 이 땅에 있는 한 뇌밖에 가질 수 없기 때문에 내가 경험했던 것을 다

80   Bruce Greyson. Ibid. pp121-122.

시 절대 이해할 수 없다고 느꼈다. 이 땅에서는 우리가 한 번에 한 가지만 생각할 수 있다. 그러나 그곳에서는 모든 것을 안다. 그곳은 이 땅의 일과 비교할 수 없다. 그곳의 일을 말하려고 하면 제한되고 축소되어 버린다. 어린 아이에게 DNA나 우주, 의료기술과 같은 것을 설명하려고 하는 것과 같다. 그곳의 일은 인간의 뇌가 이해할 수 있는 범주를 훨씬 뛰어넘는 훌륭하고 더 크고 더 멋진 곳이다. 그곳에 비하면 몸을 입고 있는 나는 개미 사육장에 갇혀 있는 개미 같은 느낌이 든다.[81]

그리스의 의사 히포크라테스는 2천 년 전에,

뇌는 인간의 몸에서 가장 강력한 기관이다. 건강할 때 뇌는 우리에게 현상에 대한 해석자 역할을 한다. … 지능을 주고 … 의식에 뇌는 전달자와 같고 … 그래서 나는 뇌가 의식의 해석자라고 주장한다.[82]라고 했다.

2015 투산 선언

2015년 9월 미국 애리조나 투산에서 열린 「삶의 마지막 전환 회의」(Final Transition Conference)라는 세계 학술 대회에서 발표된 선언서이다.[83]

이 모임은 의사, 간호사, 심리학자, 의식 연구자 등 다양한 분야의 세

---

81 Bruce Greyson. pp124-125.

82 Ibid. pp126-127.

83 https://fliphtml5.com/wdit/vfwl/basic 2015에는 이행사의 프로그램과 자세한 내용을 열람할 수 있게 되어 있다.

계적인 전문가들이 모여 말기 환자를 돌봄에 대한 의학적 학술대회로, 보다 과학적으로 그리고 합리적으로 말기환자들에 대한 돌봄과 정책을 연구하는 모임이었다. 여기서 가장 중심이 되는 주제는 바로 인간 의식의 근원과 지속적 존재 여부에 대한 정의였으며, 결국 인간의 의식은 비물질적, 비국소적으로 존재한다는 내용 등, 총 11개 조항의 선언서를 채택했다.

이 중에 가장 핵심적인 내용은 아래와 같다:

- *오늘날의 물리학, 생물학, 신경과학의 최신 연구는 의식이 뇌의 부산물이 아니라 뇌와 독립적으로 존재하거나 뇌를 매개로 표현될 수 있음을 시사한다. 그리고 사후에 의식의 존재를 부정하는 과학적 근거는 없다.*
- *의식이 뇌에 속해 있지 않다는 실험적 증거는 매우 많다. 임사체험, 사후소통, 영매 연구, 임종시각, 환생연구 등에서 그 실증이 확인된다.*
- *이제 우리는 후기 물질주의과학(Post-Materialist Science)의 새로운 패러다임을 받아들여야 한다.* [84]

이처럼 뇌가 생각을 만들어 내기 보다는 처리하거나 걸러 낸다는 개념은 새로운 것이 아니라 벌써 여러 세대를 거쳐 현자들이 예기했던 사실이며, 오늘날에는 과학에서 그 실증을 제시하여 인증하는 단계에 온 것이다. 결론은 인간의 의식은 뇌가 아닌 외부에 있다는 사실을 증명하는 단계에 왔다는 것을 말한다.

<hr>

[84] https://www.academia.edu/25534861/Declaration_for_Integrative_Evidence_Based_End_of_Life_Care_that_Incorporates_Nonlocal_Consciousness

제5장

의식과 양자역학, 그리고 임사체험

현대는 과학의 시대이다. 이런 현대를 사는 우리는 과학적 사고와 의식에 젖어서 살아가고 있다. 그 말은 우리의 삶의 모든 영역에 과학적인 이해가 스며들어 있어서 자연스럽게 우리가 이해하는 모든 개념들은 각자가 나름대로 과학적인 필터를 거쳐서 받아들인다. 이러한 현대인들의 인식 체계는 단순히 생활의 영역을 넘어 종교나 신념의 영역에도 똑같이 작용한다. 죽음에 대한 이해도 마찬가지이다. 한 예를 들면, 죽음 이후에 인간은 영혼으로 존재하는가? 하는 질문에 그것을 과학적으로 증명할 수 있다면 신뢰할 수 있을 텐데 하는 즉각적인 반응이 우리의 내면에서 일어난다.

비슷한 한 예로, 우리가 많이 들어 왔던 1907년에 미국의 의사 던건 맥두걸(Duncan MacDougall)이 했던 영혼의 실체에 대한 실험 얘기가 떠오른다. 즉 멕두걸은 죽어 가는 환자의 몸무게 변화를 측정해 영혼의 실체를 증명하려 했다. 그는 결핵 말기 환자 6명을 특수 저울에 눕혀 놓고 죽음의 순간을 관찰했는데, 그중 한 명의 환자가 사망 직후 약

21.3그램(약 3/4온스)의 무게가 줄어든 것을 관찰했고 그는 이를 영혼이 몸을 떠나는 증거로 해석했다. 그러나 다른 5명에서는 일관된 결과를 보이지 않았다. 그의 이 실험은 방법에 있어서 과학적 엄밀성 부족(소수의 샘플, 환경 변수 무시)으로 인해 현대 과학계에서 신빙성이 낮게 평가되고 있다.[85] 이처럼 현대인들, 나 자신조차도 죽음과 사후세계에 대한 증명이 과학적이기를 바라는 심성이 있음을 부인할 수 없다. 이러한 관점에서, 오늘날 첨단 과학의 분야로 모든 사람의 관심을 받고 있는 양자역학과 인간의 의식, 나아가서는 사후 존재의 영속성과의 관계를 연구한 몇몇 학자들의 견해를 간략히 엿보면서 우리의 호기심을 일부나마 채워 보고자 한다.

그러나 분명한 사실 한가지는 지금부터 나열하는 일련의 양자 역학과 의식의 관계에 관한 이론은 철저하게 물리주의 세계관에 입각한 의식의 신경과학적 입장을 반영하는 것으로 호주의 신경생리학자이자요 노벨상 수상자인 John C. Eccles 경의 이론을 옹호하는 것임을 염두에 두고 읽기를 바란다. 그는 *뇌가 아원자, 입자, 원자, 분자, 세포의 물리적 작용을 통에 의식의 환상(illusion)을 일으킨다.*라고 했다.[86]

85 https://grok.com/c/19541c78-60e4-4200-a1cd-047592cb0cd9

86 John C. Hagan III. *The Science of Near Death Experiences*. (Columbia Missouri. University of Missouri Press. 2017). P125.

양자역학

우리가 나무 아래에서 차를 마시고 있을 때, 그는 나에게 사과가 나무에서 떨어지는 모습을 보고 중력에 대한 생각을 처음 떠올렸다고 말했다. 그는 왜 사과가 항상 수직으로 땅으로 떨어지는지, 그리고 어쩌면 그 힘이 달까지도 미칠 수 있는지에 대해 생각하기 시작했다. [87]

이 대목은 영국의 전기 작가이자 아이작 뉴턴(Isaac Newton, 1643-1727)의 친구였던 윌리엄 스터클리(William Stukeley)가 「아이작 뉴턴 경의 삶에 대한 회고록」(Memoirs of Sir Isaac Newton's Life) 중에 나오는 대목으로, 바로 우리가 어렸을 때부터 수없이 들어 왔던 뉴턴에 대한 일화의 소재가 된 문구이다.

1665년경, 뉴턴은 케임브리지 대학교에서 공부 중이었지만, 당시 유럽을 휩쓴 흑사병으로 인해 대학이 일시적으로 문을 닫았고, 그는 고향인 링컨셔의 울즈소프 매너(Woolsthorpe Manor)로 돌아가 피신해 있었고 그곳에서의 경험이 이 에피소드의 진원이 되었다고 한다. 소위 말해 고전 물리학의 시조라 할 수 있는 뉴턴은 요하네스 케플러의 행성 운동의 법칙과 갈릴레오 갈릴레이의 낙하 운동 연구를 바탕으로 중력 이론을 발전시켰고, 1687년에 출간한 「수학적 자연철학 원리」(프린키피아; Philosophiæ Naturalis Principia Mathematica)를 통해 고전 역학을 정립했다.

---

87   http://Oxford. Newton Project. *"Memories of Sir Isaac Newton's Life"*. 1752.

　우리가 이해하기 힘든 물리학의 세계에서 "고전 역학"이란, 뉴턴의 3대 운동법칙 즉, 관성의 법칙(작용-반작용), 만유인력의 법칙, 그리고 보존법칙(운동량과 에너지)을 핵심으로 하여, 저속도(광속 미만), 그리고 거시적 규모에서 결정론적으로 물체의 운동, 힘, 열, 전자기 현상을 설명하는 물리학이라고 한다. 쉽게 이해하자면, 우리가 일상에서 물질이나 사물에 대해 갖고 있는 일반적인 상식을 말한다. 즉 어떤 물체이든 외부에서 힘이 가해지지 않는 한 그대로 있다는 것이며 그 상태는 보든 보지 않든, 생각하든 하지 않든지 항상 그 장소에 그대로 존재한다는 사실을 말한다. 그리고 물체에 주어지는 에너지와 시간을 알면 결과를 예측할 수 있다는 법칙을 말하는 것이다.

　그런데 19세기 말에 이르러 과학의 발달로 물질을 세분화하고 관찰하면서 이전에는 보지 못했고 알지 못했던 세계를 알게 되었다. 즉 모든 물질을 미시적으로 세분화해 보면, 눈에 보이지는 않지만 원자는 전자를 가지며, 그 중심에는 원자핵이 존재하고, 원자핵은 다시 양성자와 중성자로 이루어져 있다는 사실이 밝혀졌다. 뿐 아니라 빛에 대한 연구, 그리고 전자파에 대한 연구를 통해 빛의 성질과 특징, 그리고 전자파의 활동을 확률적으로 혹은 수학적으로 정립하는 데 이르게 되었다. 그런데 이러한 미시세계의 아원자들은 지금까지 알고 있던 고전 역학과는 상관없이 어떤 면에서는 각자가 일률적이지 않고 어떤 고전 역학적인 원칙과 법칙으로는 규정할 수 없이 움직이고 존재하더라는 것이다. 즉 아원자들은 특정한 장소에 국한되어 존재하지 않고, 동시에 모든 곳에 존재하기도 하고, 또 때로는 중첩되어 존재하는가 하면

때로는 개별로 존재하기도 하고, 공간에 제한 없이 하나로 연결되어 있기도 하고, 시간에 제한 없이 즉각적으로 반응을 하기도 한다는 것이다. 고전 물리학의 원리를 가장 명확하게 말한 아인슈타인의 *신은 주사위 노릇을 하지 않는다*는 말처럼 고전 물리학에서는 반드시 원인과 결과가 있어야 하지만 미시적 세계의 아원자들의 활동은 전혀 예측 불가의 결과가 일어나기 때문에 이러한 미시세계의 아원자들의 존재와 활동은 고전 물리학으로는 전혀 설명할 길이 없게 되었다. 그로 인해 이러한 아원자들의 활동을 연구하는 새로운 학문이 생겨 나기 시작했는데 그것이 바로 양자물리학, 즉 고전 물리학과 대립되는 새로운 물리학이 태동하게 된 것이다.

양자 물리학 (Quantum Physics)에서 양자란 전자, 광자, 양성자, 중성자 등의 미시 세계의 입자 또는 그 입자들이 가지는 비연속적인 에너지, 운동량, 스핀 등의 물리적 속성을 지칭하며, 파동-입자 이중성을 보이는 개별 입자나 그 상태의 최소단위를 의미한다. 그래서 영어에서 양이란 뜻의 "Quantum"이란 용어를 사용한 것이다. 다시 말해, **양자란 하나의 단일 입자(알갱이)만을 지칭하는 것이 아니라, 입자나 파동이 에너지를 가지며 운동하거나 상호작용하는 가장 최소의 단위 상태를 말한다.**[88]

그런데 지금까지 인류는 고전 물리학적인 이해로 모든 세계를 이해해 왔고 살아오면서 아무런 문제가 없었는데 왜 19세기 이후부터 이러

---

88   https://grok.com/c/b003fae9-bd42-4cc1-af1a-cd9e8b6cf178

한 미시 세계의 양자물리학과 같은 과학을 발전시켰을까? 그것은 과학이 발전하면서 지금까지 몰랐던 아원자 세계를 알게 되면서였고, 이제 다음에 양자의 특징에서 보듯이, 이러한 아원자의 세계를 지금까지 알고 있던 고전 물리학으로는 전혀 설명이나 해석을 할 수 없는 현상이 그 아원자의 세계였기 때문이었다. 그로부터 발달한 양자 물리학은 수만 년 살아온 인류의 문명을 새로운 세상으로 발전시키는 기폭제 역할을 한 것이다. 현대의 첨단 모든 문명의 이기들은 바로 이 양자 물리학을 응용한 결과이다. 예를 들면, 제일 큰 변화는 원자력을 이용해 전기를 생산하게 되므로 무제한의 전기의 공급은 현대 문명의 가장 큰 발전의 원인이 된 것이다. 그리고 반도체와 전자기기(컴퓨터, 그 외의 모든 전자기기, IT혁명), 레이저 기술(광통신, 첨단기기의 작동원리), 의료 영상 기술(MRI, PET스캔 등으로 인간의 수명연장), 양자 컴퓨팅, 인공지능, 기후 모델링, 금융 최적화 시스템, 광전 효과와 태양광 발전(천문관측 혁신), 원자 시계와 GPS(내비게이션, 물류, 항공, 국방 등에서 초정밀 위치 추적), 그리고 오늘날 첨단을 이루는 인공지능에 이르기까지, 상상할 수 없는 새로운 문명의 세계를 열게 되었다.[89]

----

89   송정민. *"양자역학적 관점에서 해석된 물질과 의식의 관계"*. (대구 경북. 경북대학교 과학 교육학 박사논문. 2014) pp1-7. https://grok.com/chat/b753a66d-6bfd-464c-9c70-d2186cd44ed4

양자의 특징

이러한 양자의 세계에서 가장 미스터리 한 것은 양자의 속성이다. 몇 가지 중요한 양자의 특성을 보면 다음과 같다.

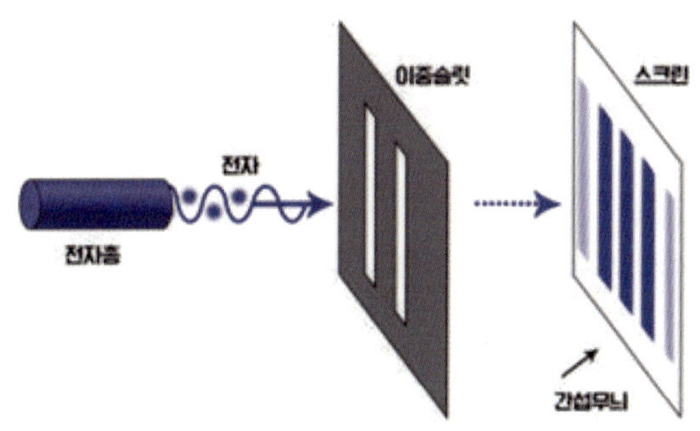

전자의 파동 입자 이중슬릿실험

중첩성(Superposition): 하나의 양자 시스템이 동시에 여러 가능한 상태의 '겹친' 형태로 존재할 수 있는 현상이다. 대표적인 예로 전자의 스핀은 관측 전까지 '위쪽 스핀'과 '아래쪽 스핀'이 공존하는 중첩 상태에 있으며, 실제 측정하는 순간 확률에 따라 둘 중 하나의 확정된 상태로 붕괴한다. 예를 들면 동전을 회전시키면 양면이 번갈아 가면서 보이다가 손바닥으로 치면 한 쪽 면만 보이게 되는데 다른 쪽 면은 보지 않아도 보이는 면과 반대되는 면이라는 것이 결정되는 것과 같다고 할 수 있다.

상보성(Complementarity): 양자 입자(하나의 그룹)는 파동(물결)과

입자(알갱이) 같은 상호 배타적인 특성을 동시에 갖고 있다가 관측하는 순간 입자이든 파동이든 하나의 상태로 나타난다.

불확정성(Uncertainty): 하이젠베르크의 불확정성 원리에 따라, 위치와 운동량 같은 특정 상의 속성을 동시에 정확히 측정할 수 없다는 것을 말한다. 즉 위치를 확인하면 속도를 알 수 없고 속도를 확인하면 위치를 알 수 없다. 즉 빠르게 움직이는 물체는 위치를 확인하는 순간 속도를 알 수 없게 되고 속도를 확인하는 순간 위치를 알 수 없는 것과 같다.

얽힘(Entanglement): 두 입자가 상호 연결되어 한 입자의 상태를 측정하면 다른 입자의 상태가 거리와 상관없이 즉시 결정된다. 즉 특정한 조건에서 생성된 두 개의 양자를 물리적으로 분리시켜 서로 거리를 두면 무한대의 거리에서 서로가 반응을 보인다는 것이다. 물론 이러한 실험은 수천 킬로미터에서 실험을 했지만 그 거리는 무한대가 될 수 있다는 것이 실험에서 확인이 되었다.

비국소성(Nonlocality): 위의 얽힘 때문에 나타나는 상태이다. 즉 만물과 우주는 양자세계에서는 하나로 얽혀 있기 때문에 하나의 상태가 어디에서나 존재한다는 개념이다. 즉, 고전 물리학적인 이해에서처럼 모든 물체나 물질은 한 장소에 있어야 한다는 개념이 아니라 어디든지 존재한다는 개념이다. 이러한 현상이 신기하여 아인슈타인은 *유령 같은 원격 작용(Spooky Action at a Distance)*이라고 불렀다고 한다.[90] 가장 영

90   Pim van Lommel. M.D. *Consciousness Beyond Life*. (New York. Harper One, 2007) pp208-209.

향력 있는 양자 역학자 중의 한 사람인 닐스 보어(Niels Bohr)는

양자 역학에 충격을 받지 않은 사람은 아직 그것을 이해하지 못한 사람이다.[91]

라고 했다.

양자역학과 의식

사람의 의식에 대해서 웹스터 사전에서는, *내면의 심리적 또는 영적 사실에 대한 인식: 내면에 있는 무언가에 대한 직관적 지식*[92]이라 정의했고, 국어 사전에서는, *깨어 있는 상태에서 자신이나 사물에 대하여 인식하는 작용*[93]이라고 정의했다. 즉, 의식은 살아 있는 사람의 존재에 대한 자각이기 때문에 의식이 곧 존재의 총체적 자각이다. 그러므로 의식의 근본을 아는 것이 바로 사람의 근원을 아는 것과 같기에 지금까지 수많은 분야에서 이를 연구해 왔다. 그런데 근세기에 이르러 양자 물리학의 발달로 물리학에서 인간의 의식의 근원을 찾기 위한 노력이 계속되고 있는 것이다. 그리고 더 나아가서 이러한 의식의 근본 연구는 바로 인간의 영혼과 더 나아가서는 시공간의 세계를 초월한 영적인 무한대의 세계에 대한 이해를 이끄는 한 과정이라고 할 수 있을 것이다.

노벨 물리학상을 수상한 물리학자 유진 위그너(Eugene Wigner)와 브라이언 요셉슨(Brian Josephson), 그리고 수학자인 존 누만(John

---

91　Ibid.

92　*Webster's new international dictionary.* vol I. (New York. G&C Mirriam co. 1976) p482.

93　국립국어원 표준국어대사전, "의식".

von Neuman)은 양자의 비국소적 공간[94]은 의식의 기반이 된다고 주장했다.[95]

영국의 과학자 수학자인 로저 펜로즈(Roger Penrose 1931-)는 그의 전산학, 인지과학, 철학적 해박한 지식을 동원해 컴퓨터가 의식을 가지도록 프로그램 할 수 있는지를 연구한 결과 다음과 같은 말을 남겼다고 한다.

인간이 가지고 있는 이해와 느낌의 성질은 컴퓨터로 모방될 수 있는 것이 아니다. 의식은 계산 불가능한 현상이다. 만일 의식이 계산 불가능한 것이라면 의식을 일으키는 뇌 속의 어떤 과정이든 또한 계산 불가능할 것이다. 그런데 뇌 안에서 일어나는 사건들은 모두 물리학의 법칙들에 따라 일어난다. 그래서 뇌는 지금까지 알려진 물리학의 법칙들의 지배를 받지 않는 또다른 과정에 따라 작용할 것이다. 즉 의식을 설명하는 물리학은 새로운 물리학이어야 할 것이다. 그것은 양자 물리학의 세계이다.[96] 그리고 펜 로즈는 뇌 속에서 의식의 발생 과정이 예기치 못하고 무작위적인 것은 아마도 양자역학의 무작위적이고 비연속적인 특성 때문이라고 했다는 것이다.[97]

---

94 양자의 비국소성은 1935년 아인슈타인, 포돌스키, 로젠(EPR: 세 사람 이름의 약자)의 사고실험에서 처음 제기되었다. 그 후 계속된 연구 결과 양자는 고전적인 3차원의 공간과는 상관없이 양자끼리의 교류와 반응은 순간적으로 이루어진다는 사실이 확인되며 생긴 개념이다. 비국소적 공간이란 실제 공간을 말하는 것이 아니라 양자의 세계에서 무한대의 공간에서도 동시에 양자 상태가 존재한다는 개념이다.

95 Lommel. Ibid. p 210.

96 송정민. *"양자역학적 관점에서 해석된 물질과 의식의 관계"*. (경북대학교 과학 교육학 박사논문. 2014) pp112-113.

97 Ibid.

　그 이후 미국의 마취의사인 스튜어트 해머로프(Stuat Hameroff 1947~)는 펜로즈의 이론을 실험을 통해 증명하려 했다. 즉 뇌의 뉴런 속에 있는 튜불린 이란 특정 단백질이 있는데 이 단백질 내에서 전자가 이동할 때 확률파의 형태로, 가능성으로만 존재하는 중첩상태로 있다가 두 가지 형태 중 하나로 결정되어 나타나며 이것이 연속적으로 파동 형태가 되어 전체에 영향을 주어 일종의 양자 증폭 상태가 되어 이웃의 튜블린에도 영향을 준다는 것이다.[98] 쉽게 이해하기 어렵지만 양자의 특성이 창의적이고 주관적인 의식의 특성과 같다는 의미에서 뇌세포 안에서 양자역학적 작용이 의식의 근원이 된다는 주장인 것일 것이다.

　미국 신시내티 병원의 카우프만 박사는 유전학, 이론 생물학, 생화학, 생물물리학의 권위자이다. 그는

　유전자 네트워크는 자기 조직화(Self Organization)를 통해 스스로 질서를 만들어 가는 진화적 존재이며 우리 두뇌 안에도 수많은 구성 요소들이 서로 상호작용을 통해 끊임없이 재구성하고 환경에 적응해 오고 있다. 그리고 이러한 자기조직화는 창의적이고 무작위적이기 때문에 기존의 과학적 패러다임으로는 해석할 수 없다고 했다. 즉 비인과적이고 무작위적이고 창의적인 양자역학적 개념으로만 실명이 가능하다는 것이다.[99]

　또한 정신 의학자인 *제프리 새티노버(Jeffrey Satinover 1947~)*는 인간의

두뇌 속에는 양자 효과를 붙잡아서 혼돈을 통해 증폭하는 완벽하게 설계된 구조물이 존재한다. 그런 구조물은 모든 수준(화학 반응, 세포 내부, 망 구조, 심지어 사회적 수준까지)에서 순환 반복이 일어나는 형태를 띠면서 자기 조직화를 한다. 그렇다면 두뇌와 인간 사회의 작용 전체는 양자 세계의 절대적 자유, 신비, 비기계성 가운데 적어도 일부를 공유할 것이다.[100]라고 했다고 한다.

그 외에도 미국의 이론 물리학자 Henry Stapp, 애리조나 대학의 마취과 교수 Stuart Hameroff, 오레곤 대학의 인도 출신인 이론w 물리학자 Amit Goswami[101] 등의 학자들은 양자 물리학에서 보이는 양자의 특성으로 인간의 의식이 야기되는 것으로 주장하고 있다.

양자역학과 확장된 의식 개념

1930년 물리학자 아인슈타인은 우리는 이제 모든 것의 근본인 의식인 우주가 된 것이며 물질은 부차적인 것이다. 라고 했다. 그로부터 몇 년 후 양자 물리학자 슈레딩거는 우리가 물질(육체)과 힘으로 관찰하는 것은 아무것도 아니며 다만 공간의 구조 안에 있는 형태 변화일 뿐이다. 라고 했다. 또한 근래에 와서 물리학자 스티븐 와인버그는 이제 물질은 물리학에서 그 중심적인 역할을 잃게 되었다. 라고 했다.[102] 이들 모두는 눈으로 볼 수 없는 물질의 근본을 이루는 미시 세계의 존재들을 관찰하고 연구한 양자 물

....

100   Ibid, P124.

101   https://grok.com/c/793173ba-4dff-4719-abd6-ab5d57568450

102   Lommel. Ibid. p221.

리학자들로서 그들의 결론은 한결같이 우리가 눈으로 보고 손으로 만질 수 있는 물질의 세계는 사실은 극히 부분적이며 제한적일 뿐, 더 근원적인 것은 우리가 보는 물질 세계를 이루는 근본인 양자 세계에 있다는 것을 표현한 말이다.

이러한 물질의 근본을 이루는 미시 세계의 활동 내지는 존재는 그 자체가 하나의 의식의 세계로 구성되어 있다는 주장이 나오고 있는 시점에 왔다고 할 수 있다.

양자 물리학에서 가장 중요한 개념 중의 하나는 비국소적 공간의 개념이다. 즉 우리가 가지고 있는 3차원적인 공간 개념으로 가장 이해하기 쉬운 예는 바로 지구와 우주에 있는 중력과 자기장이다. 즉 중력의 힘에 의해 물체는 위에서 아래로 떨어진다. 그런데 이런 중력의 힘은 지구 어디에 가도 꼭 같이 작용하며 심지어 땅속에서도 작용한다.

이와 같은 중력은 지구에서만 작용하는 것이 아니라 태양계와 우주 전체에 똑같이 작용한다. 즉 특정한 장소에 국한되지 않고 모든 곳에서 영향을 미치는 상태를 비국소성이라고 할 수 있다. 이와 같은 원리로 자기장도 작용하는 것이다. 예를 들면 자력은 아무런 중간 매체가 없이 공간 안에서 작용하여 다른 금속 물체에 영향을 끼친다. 방향을 가리키는 김퍼스의 작용을 보면 자력이 어떻게 비 국소적으로 작용하고 있는가를 알 수 있는 것이다.[103] 이러한 비국소성의 원리로 양자의 세계에서는 하나 둘의 개념이 아니라 우주 안에 어디든지 동시에 존재

103　Lommel. Ibid. p213.

하며 서로 얽혀 있으면서 동시에 반응이 일어난다는 사실이 밝혀진 것이다.[104]

뿐만 아니라 이러한 비국소적 공간 안에서 양자는 파동함수로 존재하며 역할을 한다.[105] 그리고 이에 의해 현상과 실체가 존재하게 되고 영향을 끼치며 생성되고 소멸되는 것이다. 이것이 바로 우주 안에서 일어나는 모든 천체의 현상이다. 그런데 이러한 비국소적 공간 자체가 의식을 품고 있다는 것이 양자물리학자들의 의견이며 이것을 다른 말로는 확장된 의식 개념이라고 할 수 있다. 이러한 의미에서, 앞에서 말했듯이 아인슈타인이 *우리는 이제 모든 것의 근본인 의식인 우주가 된 것이며 물질은 부차적인 것이다.*라고 표현한 것이다. 그리고 아이작 뉴턴은 말하기를 *전지 전능한 공간은 영적 실체로 가득 차 있다. 그리고 그 공간은 "신성한 관측소"이다.*라고 말했다.[106]

확장된 의식 개념에서 또 하나의 사실은 의식의 초개인적 상태(Transpersonal)에 대해 생각해 볼 수 있다. 이 개념은 심리학자 칼 융(Carl G. Jung)의 집단 무의식의 개념과 유사하다. 1970년대에 와서는 심리학자 스타니슬레브 그로프(Stanislav Grof)와 미국의 유명한 임상 인문주의 심리학자 아브라함 메슬로(Abraham H. Meslow)가 창안한 **초개**

---

104   Lommel. Ibid. pp224-225.

105   파동함수란, 복소수, 중첩, 간섭과 회절, 확률, 붕괴 등의 성질에서 나타나는 현상을 의미하며 물리적 파동을 의미하지 않는다. 다만 특정 고유 상태의 변화를 의미하는 용어이다. 그리고 이 현상은 관찰할 수는 없지만 분명히 작용하며 나타나는 현상이며 이에 의해 양자적 본질이 존속되며 역할을 하는 것이다.

106   Lommel. Ibid.

인심리학(Transpersonal Psychology)에서 제기하는 개념이다.

즉 이것은 개인, 혹은 나라고 하는 하나의 개체를 초월해서 작용하는 의식을 말한다. 즉 시공간을 초월해서 작용하는 의식이다. 예를 들면 영웅(Hero), 어머니(Mother), 현자(Wise Old Man), 그림자(Shadow) 등과 같은 문화와 시대를 초월해서 공통적으로 갖고 있는 개념을 말한다. 양자물리학자들 중에서 양자역학과 의식의 관계를 연구하는 학자들은 양자의 비국소적 특성과 양자 얽힘의 특성이 바로 이러한 초개인적 의식의 근거로 보고 있는 것이다.

한 예로 임사체험자들의 경험에서 자신의 몸을 벗어나서 하나의 비국소적인 의식의 상태로 존재할 때 그들은 초개인적인 경험을 한다고 했다. 즉 그들은 자신과 타인, 그리고 주위의 모든 사물과 하나되는 체험을 한다고 했다. 타인의 마음이 자신의 마음과 같은 경험 혹은 다른 사물과 자신이 하나가 된 의식의 상태를 종종 경험한다는 것이다. 나라고 하는 의식을 넘어 타 의식과 일치되는 상태를 말한다.

롬멜 박사는 전체론적 철학자(Holistic Philosopher)이자 작가인 캔 월버(Ken Wilber)의 말을 인용했다. 그의 저서 「경계는 없다」(No Boundary)에서 월버는

끝없는 의식, 영원한 의식, 단일 의식, 초인적 자아는 목격자와 목격사건이 하나이다. 몸은 있지만 나의 몸이 아니며 욕망은 있지만 내 욕망이 아니다. 감정이 있지만 내 감정이 아니며 생각이 있지만 내 생각이 아니다. 남은 것을 순수하고 분열되지 않은 의식뿐이다. 이 의식은 개인을 초월하며 시간과 공간을 초월

한 세계와 연결되어 있다.[107] 이러한 초개인적 의식은 대부분의 임사체험자들의 경험과 일치한다.[108]

영자역학에서 의식과 사물과의 관계

양자역학과 의식을 예기할 때 또 하나의 중요한 점은 **불확정성의 원리**(Uncertainty Principle)이다. 노벨 물리학 수상자인 베르너 하이젠베르그(Werner Heisenberg)에 의해 제기된 이 원리는 핵 주위를 확장적으로 점령하고 있는 전자는 측정 불가하다는 것이다. 즉 전자의 위치와 활동은 동시에 측정할 수 없다. 위치를 측정하면 활동을 알 수 없고 반대로 활동을 측정하면 위치를 알 수 없다. 또 다른 의미로는 닐스 보어가 주장한 **상보성**(Complementarity)의 원리로 양자의 중첩상태, 즉 양자는 파동과 입자가 동시에 존재하는 파동함수로 존재하다가 측정 순간에 하나로 나타나는 것과 같이 측정 전에는 어느 것인지 알 수 없는 상태라는 것이다. 이러한 이유로 측정자의 의도가 결과에 영향을 미친다는 의미에서 의식과 물리적 현상이 상관관계가 있는 것으로 물리학자들은 보고 있다.

물론 여기서 측정이란 눈으로 관찰하는 것은 아니고 장치나 매체를 통해 측정하는 것을 말하지만, 이러한 측정 행위는 관찰자의 의도가

---

107 Lommel. Ibid. pp287-288. K. Wilber, *"No Boundary"*. (Boulder. Co. 1981)

108 Ibid.

다분히 포함되어 있고 그 의도에 따라 다른 결과가 나오게 된다는 뜻
에서 사물은 의식과 관계가 있다고 보는 것이다. 이런 의미에서 모든
현실과 사물은 객관적 현실이란 없으며 상호 주관성만 있다는 것이 양
자 물리학에 대한 철학적 해석이다.(이것은 고전 물리학의 주장과 정
반대의 주장이다.) 이로서 앞에서 언급한 유진 위그너를 비롯한 4명의
물리학자가 말했듯이 관찰자가 물리적 현실을 창조 한다는 말이 논리
적으로는 성립되는 것이다. 그들은 말하기를 물질이나 에너지보다 의
식이 더 근본적이라고 한다.[109]

필드(field) 이론

양자 역학에서 의식과 사물과의 관계를 규정짓게 하는 또 하나의 이
론은 필드(field) 개념이다. 필드란 눈에는 보이지 않지만 결과가 나타
나는 현상을 말한다. 즉 자기장의 예를 들면 자력은 눈에 보이지 않지
만 그 힘은 공간을 채운다. 그리고 다른 물체에 영향을 끼친다. 이러한
작용은 양자의 세계에서도 마찬가지이다. 빛의 광양자는 일정한 주파
수를 갖고 공간을 채운다. 태양빛은 고유의 주파수로 색깔을 갖고 공
간을 채우고 열과 그 기능을 물질계에 빌휘한다. 허블 망원경은 50억
광년 떨어진 은하의 이미지를 촬영했다. 그 말은 그 은하의 광양자의
고유 주파수가 우주 공간 속에 50억 광년 동안 변하지 않고 보존되어

109   Ibid.

있었다는 뜻이다.[110]

이처럼 필드는 정보를 저장하며 영향을 끼치는 공간을 말한다. 앞에서 언급한 것과 같이 공간 안에 비국소적으로 보존되어 있는 모든 진동 에너지 내지는 주파수들은 메시지를 담고 있다. 예를 들면 셀루라폰의 주파수, 라디오나 텔레비전의 주파수, 그 외 모든 통신수단의 주파수들은 메시지와 이미지와 또는 열과 기능을 담고 비 국소적으로 존재한다. 그러나 특정 물질과 기기와 매체(수신기)에 전달될 때 그 결과가 나타난다. 이것은 어떤 면에서 의식이 물체에 직접적인 영향을 끼치는 것으로 비유될 수 있다.

그런데 이러한 필드이론은 생명체와도 긴밀한 연관을 가지고 있다는 사실이다. 즉 생명체가 배아되어 성장하는 과정은 개별 세포의 분열로 이루어진다. 그러나 외부의 요인에 절대적으로 영향을 받는다는 것이다. 즉 외부 공간에는 필드의 고유의 주파수들이 있으며 이러한 외부 주파수들은 배아 세포 발달 과정에서 세포의 주파수와 공명이 이루어져 수많은 진동 분자 구조에 영향을 주어 특징을 갖게 한다는 것이다.[111]

간단한 예로는 일상적으로 우리가 알고 있는 임산부들에게 시행하는 태아 교육 같은 것을 들 수 있다. 그런데 이러한 필드원리는 모든 자연의 생명체에도 꼭 같은 원리로 작용한다는 것이다.

....

110   Pim Lommel. Ibid. pp214-215.

111   Lommel. Ibid, pp 229-230.

양자 역학과 임사체험

이제 이 책의 주제인 임사체험과 양자현상과의 관계를 정리해 보려고 한다. 지금까지 간략하게 살펴본 양자의 속성과 상태, 그리고 특징은 임사체험자들의 증언과 많은 부분에서 유사한 성격을 띠고 있다는 사실이다.

예를 들면 양자의 속성 중에 가장 중요한 **비국소성**은 공간의 제한을 초월해서 양자의 속성이 나타나는 것을 말하는데, 대부분의 임사체험자들은 공간을 초월하고 시간을 초월한 경험을 했다고 했다. 즉 순식간에 수십 년 전의 어린 시절로 되돌아가서 생생하게 그 현장에 있는 경험, 그리고 그때의 생각과 감각 느낌 모든 것을 그대로 경험하기도 하고, 사고를 당한 경우에는 사고 현장에서 가족들이 멀리 떨어져 있음에도 불구하고 그 가족과 함께 있는 경험을 하기도 했다.[112] 그리고 대부분의 임사체험자들은 죽은 가족과 지인, 심지어는 자신이 알지 못했던 사망한 지인과 가족을 만나기도 했다.[113] 이러한 현상은 지금 우리의 개념으로는 명확히 시간과 공간을 초월한 비국소적 성격을 띠고 있음을 보여 주는 사실이다.

----

112 Greyson, Ibid, pp36-44.

113 Lommel, Ibid, pp206-207.
　　　알렉산더 박사의 경우 천국에서 나비 날개위에 태워 자신을 안내했던 아리따운 여인에 대해 나중에 알게 된 것은, 자신이 어릴 때 입양된 후 친부모에게서 태어났던 자신의 여동생이었는데 성인이 된 후 사망했다는 사실을 알게 되었다.(이븐 알렉산더. *나는 천국을 보았다*. 고미라역. (서울.김영사. 2013.)

또한 양자의 속성 중에 나타나는 **중첩성과 얽힘 현상** 역시 임사체험자들에게서 나타난다. 즉 그들 중의 상당수는 임사상태에서 예사롭지 않은 밝은 빛을 보게 되는데 때로는 그 빛과 하나가 되기도 했다.[114] 이렇게 사물과 중첩되는 경우도 있지만 때로는 나 아닌 다른 사람과 하나가 되고 또는 신적인 존재와 하나가 되는 경우도 있었다.[115] 그들이 이러한 하나 됨의 경험을 할 때는 타인의 경우 그들의 생각과 감정, 의지까지 그대로 나 자신의 것처럼 경험하기도 하고, 신적 존재와 하나가 되었을 경우 무한대한 사랑과 평화를 경험했다.[116] 임사체험자들의 이러한 하나 되는 경험은 분명히 양자의 특성인 중첩성과 얽힘과 같이 두 개의 존재임에도 불구하고 서로 작용하며 일체되는 현상이라고 볼 수 있다.

결론적으로 말하면, 이와 같이 양자의 속성들이 임사체험자들의 경험과 많은 부분에서 유사한 것을 볼 수 있다. 그러나 임사체험이 양자 현상을 통해 일어난다고 말할 수 있는 것은 아니다. 서두에서 말했듯이 양자물리학으로 사람의 의식의 근원을 해석하는 것은 철저하게 물리주의 세계관(Materialistic World View)에 입각한 견해이다. 그러나 앞장에서 우리가 함께 살펴본 대로, 오래전 고대로부터 수많은 현자들이 언급했고, 현대에 와서는 보다 과학적 방법으로 그 근원을 추적해 결과를 발표하고 있는 것처럼, 사람의 의식의 근원은 물질적인 인간의

114   Jeffery Long. Ibid. p10. *God and Afterlife*. pp81-82.

115   Moody. Ibid. pp51-57.

116   Jeffery Long. *God and Afterlife*. Ibid. p51.

신체가 아닌 외부에 있는 것으로 어느 정도 규정하고 있다.[117] 그렇기 때문에 양자물리학에서 어느 정도의 가설을 주장하지만 아직까지 의식의 근원을 양자역학의 작용이라고 단정할 수는 없다.

117　4장. 사람과 의식의 근원 참조.

# 제6장 의사들의 임사체험 연구

오래전 희랍의 철학자 플라톤의 기록에서 발견된 임사체험과 같은 사건은 역사 속에서 특별히 문서로 남아 전래된 것은 많지 않았으나 본격적으로 관심을 갖고 연구를 한 기록은 1892년으로 거슬러 올라가 스위스의 지질학자였던 알버트 갈렌하임(Albert von Sankt Gallen Heim)에서부터 시작되었다고 한다. 그는 「스위스 알파인 클럽 연감」(Yearbook of the Swiss Alpine Club)에서 「낙상으로 인한 죽음의 경험」(The Experience of Dying from Fall)이라는 작은 논문을 기제 했는데, 총 30건의 사례를 설명·분석했다. 자기 자신을 포함해서 산악인들이 낙상에서 살아남은 사람들, 전쟁 중에 생명을 위협하는 부상에서 살아남은 사람들, 그리고 익사하거나 비계에서 떨어진 노동자의 경우 등의 경험을 수집해 분석했다. 그 결과 죽음을 경험 한 사람들은 불안감, 절망, 고통의 흔적은 없었고 오히려 삶에 대한 확신, 깊은 수용, 그

리고 공포에 대한 무감각을 경험했다고 한다.[118]

또 다른 기록으로는 1889년 의사 마이어(Myers)에 대한 얘기이다. 그는 장티부스에 걸려 고열로 사망했다. 맥박과 호흡이 멈추고 완전히 사망한 상태에서 몸을 떠나 자신의 몸을 보았고 병실 안에 있는 모든 사람들의 활동을 보았고 그 후에는 매우 아름다운 장소로 가서 여러 사람들을 만났다고 했다. 그곳에서 그는 큰 사랑을 느꼈다고 했다. 그리고 또한 어두운 구름과 길들을 보았다고 했다. 그는 고백하기를 경험하는 동안 완벽한 건강과 힘을 가진 비물리적인 몸 안에 있었고 기억, 판단, 상상력, 정신 등이 완벽한 상태였다고 했다.[119]

이러한 초기의 임사체험의 연구결과는 오늘날 임사체험의 연구에서 나온 내용과 거의 유사한 것을 알 수 있다.

이제 언급하려는 것과 같이 대부분의 임사체험 연구자들은 의학을 공부한 의사들이다. 의학은 생물학, 화학, 물리학, 수학, 재료공학, 컴퓨터공학을 비롯한 수많은 현대 과학을 접목하고 응용한다. 다르게 말한다면 의사는 과학자이다. 과학자들은 추상적인 개념이나 상상을 믿지 않는 경향이 있다. 과학 철학자 일자 메소(Ilja Maso)가 *현대과학은 유물론적(Materialist), 기계론적(Mechanistc), 환원주의적(Reductionist)가정에 기반하고 있다*고 했다.[120] 이처럼 과학의 분야인 의학을 공부한 의사들

118　Pim Lommel. Ibid *Consciousness beyond Life*. p106.

119　Edward F. Kelly etc. *Irreducible Mind Toward a Psychology for The 21st Century*. (New York. Rowman & Littlefield. 2007.) p371.

120　Ibid. p13.

은, 어떤 면에서 가장 임사체험자들의 증언을 신뢰하기 힘든 위치에 있는 사람들이라고 할 수 있다.

대표적으로 이후에 언급할 부루스 그레이슨 박사의 경우 그는 많은 지면을 할애해서 자신이 임사체험 연구에 본격적으로 임하면서 개인적으로 겪었던 많은 갈등들과 얼마나 객관적이고 통계적으로 증험 가능한 방법과 연구를 시도하게 되었는가를 소상히 밝히고 있다. 그가 미시건 대학병원의 응급실장을 지내면서 그동안 연구했던 임사체험과 사망 후에 지속되는 인간의 의식과의 관계를 연구한 논문을 「미국 의료 협회지」(JAMA, Journal of the American Medical Association)에 기고했는데 뉴욕의 한 병원의 정형외과 과장이 출판사에 편지를 보내 종교적 관심사와 같은 임사체험은 의학잡지에 실려서는 안된다는 항의를 하기도 했다고 했다.[121]

뿐 아니라 그는 현직 의사로 제직하면서 임사체험 연구는 한낱 일화일 뿐인 사건으로 연구 실적에 들 수 없고 의사로서 앞날의 발전에 중요한 요인이 될 수 없다는 충고를 받기도 했다. 그러나 그는 합리적이고 이치적인 고민을 한 끝에 임사체험 연구에 매진했고 현재는 세계적인 임사체험 연구자로 활동하고 있다.

121　Bruce Greyson. *After. A doctor explores what Near Death Experiences reveal about life and beyond.* (New York. Essentials. 2021.) pp54-62.

조지 리치(George Ritchie, 1923~2007)

1943년 12월, 20세였던 조지 리치(George Ritchie, 1923-2007)는 제 2차 세계대전 중 미군 이등병으로 텍사스에 주둔 중이었다. 그는 폐렴에 걸려 심각한 상태에 빠졌고, 군 병원에서 치료를 받던 중 맥박과 호흡이 없는 상태로 사망 판정을 받았다. 담당 의사는 시신을 영안실로 옮기라고 지시했고, 그 사이 죠지는 약 10분 간격으로 두 번을 사망했다가 다시 살아났다. 그가 살아나 움직이는 순간을 목격한 한 남자 간호사가 의사에게 보고하였고 의사는 아드레날린을 심장에 직접 주입했다. 이로 인해 리치는 다시 심장이 뛰기 시작했고 3~4일 후 완전히 의식을 되찾았다. 의식을 회복한 리치는 자신이 죽어 있었던 동안에 경험을 사람들에게 얘기하기 시작했다.

그는 자신의 몸을 떠나 병원 병동을 떠돌며 사람들이 자신을 보거나 들을 수 없다는 것을 깨달았다. 자신의 시체가 천으로 덮여 있는 것을 보고 자신이 죽었다는 사실을 인지했다. 갑작스럽게 버지니아주 리치먼드로 이동하고 싶다는 생각을 했고, 즉시 초자연적인 속도로 날아가며 이동하는 경험을 했다. 그는 미시시피주 빅스버그(Vicksburg)라는 도시에서 멈추었고, 그곳의 카페에서 사람들과 접촉을 시도했으나 실패했다. 이후 병원으로 돌아와 자신의 시체를 다시 확인했다. 그가 다시 자신의 시신이 누워있는 병원의 방으로 돌아왔을 때 햇빛보다도 더 밝은 빛 속에서 예수가 나타났다고 했다. 그리고 너무나도 생생하게 자신이 어머니 뱃속에서 수술하여 태어나는 장면부터 그가 군 입대를 할 때까지 20여 년 동안의 모든 삶을 예수님의 밝은 빛 속에서 재현되는 것을 보았다. 그리

고 예수는 그에게 "너는 네 인생으로 무엇을 했느냐?"라고 물었다. 그는 예수와 함께 여러 차원의 시공간을 여행하며 다양한 영적 영역을 보았다. 이 영역에는 고통스런 지옥과 같은 장소와 천국과 같은 영광스러운 장소가 있었다고 했다. 그는 특히 지옥이 자아에 갇힌 영혼들의 자기 선택적 상태라고 묘사했다. 이러한 경험 후 죠지는 자신의 몸으로 돌아왔다.[122]

이후 그는 의과 대학에 진학해 공부한 후 정신과 의사가 되었다. 1967년부터 버지니아주 샬러츠빌에서 16년간 사설 정신과 진료를 했다. 리치먼드 일반의학회 회장, 타워스 병원 정신과 학과장, 유니버설 유스 코프스(Universal Youth Corps, Inc.) 설립자 겸 회장(약 20년) 등을 역임했다. 그는 자신의 경험을 1978년에 엘리자베스 셰릴(Elizabeth Sherrill)과 공동으로 쓴 「Return from Tomorrow」에서 상세히 설명했다. 이 책은 9개 언어로 번역되었으며 25만 부 이상 판매되었다.

레이먼드 무디(Raymon Moody. 1944~)

죠지 리치가 의사가 되어 의과대 학생들에게 강의를 할 때 자신의 경험을 자주 나누었다. 그중 그의 강의를 듣던 한 학생의 이름이 레이먼드 무디였다. 그는 리치의 강의에 큰 호감을 갖게 되었다. 그 후 그는 버지니아 대학에서 심리학 박사 학위를 받고 동부의 한 대학에서

---

122 George Ritchei. *Return from Tomorrow* (Minneapolis Minnesota. Chosen Books. 2007.) pp41-81.

강의를 하고 있었다. 강의 시간에 인간의 불멸성에 대한 주제로 학생들과 대화가 있었고, 강의 후 한 학생이 무디를 찾아와 할머니가 수술 중 돌아가셨다가 다시 살아나서 들려준 예기를 했다. 그런데 그 내용이 자신이 학생 시절 들었던 리치 교수가 했던 내용과 너무나 흡사한 것에 놀랬다. 그 후 그는 의과대학에 들어가 공부한후 정신과 의사가 되었다. 의사가 된 후부터 무디는 적극적으로 임사체험 사례들을 수집하기 시작했고 그의 연구 소문이 퍼지자 전국의 의사들로부터 많은 사례들이 전해졌다. 수집된 150건의 사례들을 그는 여러 각도에서 분류하여 정리했고 그중에 의사가 사망선고를 내린 후 얼마의 시간이 지난 뒤에 다시 살아나 사후 세계를 경험한 사람 50명을 선별해서 심층 인터뷰를 하게 되었고 그 내용을 정리해서 1975년 「Life after Life」라는 책을 출간했다.[123]

이후 이 책은 세계적인 베스트 셀러가 되어 1300만 부가 판매되었다. 그는 이 책에서 처음으로 NDE(Near Death Experience: 임사체험)이라는 용어를 쓰기 시작했다. 사실상 오늘날의 임사체험 연구는 바로 이 레이먼드 무디 박사로부터 시작되었다.

브루스 그레이슨(Bruce Greyson. 1946~)

부루스 그레이슨의 아버지는 화학자로 절연장치, 로켓 연료전지에

123　레이먼드 무디. 죽음, 이토록 눈부시고 황홀한. 배효진역. (서울. 서스테인, 2024) pp26-31.

사용되는 테프론과 같은 것을 만드는 화학회사에서 일을 하면서 집 지하실에 실험실을 만들고 날마다 실험에 몰두하는 사람이었다. 어릴 때부터 아버지의 실험에 참가하기도 하고 열정적인 아버지의 연구심에 많은 매력과 영향을 받고 자라났다. 그리고 의당 과학 실험을 하는 사람들이 그렇듯이 아버지는 회의주의자였고 정확한 연구 결과와 데이터를 얻기 위해 끊임없는 실험과 연구를 반복했다. 그리고 그러한 과학적 사고방식을 그레이슨에게 주입시켜 주었고 이해할 수 없는 사실을 탐구하고 연구하는 열정을 심어 주었지만 추상적인 신이나 영혼이나 정신 같은 일에 대해서는 생각조차 하지 않는 현실주의자였다. 그러한 아버지의 절대적인 영향을 받고 자라나 그는 의과대학에 진학하게 되었고 정신과 의사가 되었다.

그가 초년 정신과 의사였을 때 헨리라는 40대의 환자를 만나게 되었다. 헨리는 환경에서 오는 스트레스로 심각한 우울증을 앓던 중 총으로 자살을 시도했다가 소생한 상태라 그의 오른쪽 얼굴이 거의 없는 상태였다. 그런데 헨리는 그레이슨과 면담 중, 자신이 부모님의 무덤에서 자살을 시도하기 위해 총으로 자신을 쏘았을 때 순식간에 주위의 모든 것이 사라졌다고 했다. 그러나 바로 이어 아름다운 들꽃들이 만발한 초원에 있었고 돌아가신 어머니와 아버지를 만나게 되었다고 했다. 어머니는 아버지를 부르면서 헨리가 왔다고 소리치며 너무나 기뻐하고 행복해했다고 했다.[124] 이런 헨리의 얘기를 들으면서 그레이슨 박

<hr>

124   Bruce Greyson. *After*. (New York. ST. Martines Essential. 2021.) pp14-16.

사는 당연히 자신은 과학적이고 분석적으로 이해를 했다. 그리고 그에게 질문하기를 부모님을 본 것이 환상이나 꿈이라고 생각지 않느냐고 했을 때 헨리는 너무나도 확신에 차서 그것은 현실보다 더 현실이었다고 고백했다. 헨리와의 만남 이후 그레이슨은 비슷한 유형의 임사체험자들을 다시 만나게 되었고, 그 일을 계기로 임사체험연구에 대해 관심을 가지면서 점점 연구에 집중하게 되었다. 그때 마침 레이먼드 무디가 1975년에 임사체험 연구서인 「삶 이후의 삶」(Life after life)을 출간했고 그 연구서를 통해 그는 큰 도전을 받게 되었다. 그 후 그는 미시건 대학병원 정신과에서 전문의로 재직하면서 본격적으로 임사체험에 대해 연구하기 시작했다. 1976년 버지니아 의과대학으로 옮겨 응급 정신과 책임자로 있으면서 레이먼드 무디를 만나게 되었다.

그레이슨은 좀 더 구체적으로 임사체험을 연구하기 위해, 고대 그리스와 로마의 자료, 그리고 모든 주요 종교에서 말하는 임사체험, 전세계 원주민들의 전승, 19-20세기 초의 의학 문헌들을 조사하기 시작했다. 그리하여 다른 의과대학에서 임사체험을 지켜본 동료 의사들과 함께 「임사체험 연구협회」(IANDES, International Association for Near Death Experience Studies)를 설립하여 25년 넘게 협회의 연구 책임자로 활동하게 되었다. 그는 수십 년에 걸쳐 1,000명이 넘는 임사체험 사례를 수집했다.[125]

---

125   Ibid. pp9-15.

제프리 롱(Dr. Jeffrey Long. 1951~)

제프리 롱 박사는 1984년 휴스턴에 위치한 텍사스 대학교 의과대학 (University of Texas Medical Branch at Houston, UTMB)에 재학 시절 당시 임사체험에 관한 의학저널의 내용을 읽고 호감을 갖게 되었다. 이후 그는 종양외과(Radiation Oncology) 의사가 되었고, 우연한 기회에 친구의 아내가 수술을 받을 때 마취약에 심한 알레르기 반응으로 일시 심정지 상태로 죽음을 맞았고, 임사체험을 경험한 얘기를 들은 후 임사체험에 대한 관심을 갖고 연구하기 시작했다. 특히 그는 전문의로 활동할 1998년 당시 때마침 인터넷이 본격적으로 상용화되었던 시기라 임사체험 연구를 인터넷망을 활용해야겠다는 생각을 했다. 그리하여 그는 NDERF.org(임사체험 연구재단)라는 웹사이트를 개설하고 전 세계에 있는 사람들 중 임사체험자들의 사례들을 수집하고 공유하기 시작했다. 그는 웹사이트를 개설한 후 첫 10년 동안 1300건이 넘는 사례를 얻게 되었고 각 사례는 100개의 질문을 담은 설문지를 통해 보다 구체적으로 임사체험을 분석·정리했다. 예를 들면 수많은 과학적이고 체계적인 설문지를 공유하면서 임사체험자들이 참여하게 했다. 즉, 체험자들이 경험한 내용 중 같은 유형의 체험들이 중복해서 나타나는지 여부, 그리고 그 체험이 얼마나 서로 유사성이 있는지를 비교 분석했다.[126] 이러한 인터넷을 통한 자료 수집을 통해 그가 발견한

<hr>

126   Jeffrey Long. *Evidence of the Afterlife*. (New York. Harper One. 2010) pp33-35.

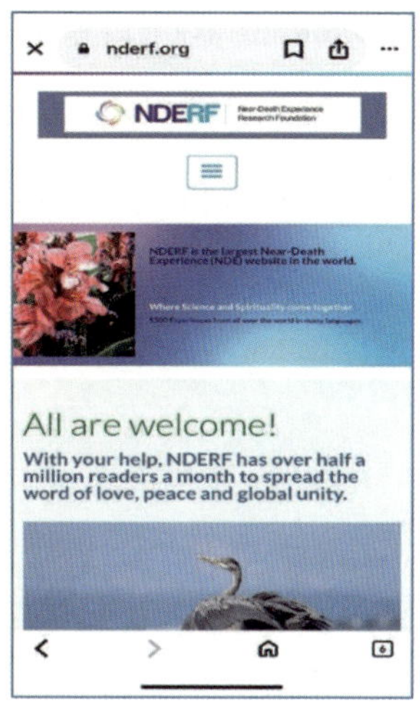

제프리 롱 박사가 운영하는 사이트 홈페이지

것은 설문결과 8.5%의 임사체험자들이 자신의 경험을 다른 사람과 나눈 적이 없었고 인터넷에서 처음으로 나눈다는 대답을 얻었다. 그로서 많은 체험자들은 자신의 경험을 실제로 여러가지 이유로 아예 말하지 않는다는 것을 알 수 있었다. 그리고 613명의 설문 응답자에게 설문에 진술한 내용들이 정확한 내용이라고 확신하느냐는 질문에는 84.5%가 '예'라고 대답했다는 것을 보고 롱 박사는 인터넷 설문 연구가 신뢰성이 충분 하다고 확신했다고 한다.[127] 롱 박사는 또 한편 설문에 응답한 체험자들의 당시 죽음의 척도를 파악하기 위해 「카르노프스키 점수」(Karnofsky Performance Status Scale, KPSS) 측정법을 도입했다고 했다.[128] 롱 박사는 후에 고백하기를 인터넷에서 장난으로 거짓 응답을 하는 사람이 있을까 하는 염려가 있었는데 놀랍게도 그는 10년 동안 그런 장난성 글은 5천건이 넘는 응답자 중에 불과 10편 정도 밖에 없었다고 했다.[129] 그는 웹사이트를 통한 자료 수집과 연구뿐 아니라 여러 권의 임사체험에 대한 책을

---

127   Ibid. p36.

128   카르노프스키 측정은 환자의 질병의 중증 정도와 사망 상태를 확인하는 수치를 말한다. 즉 100점을 건강한 사람으로, 그리고 0점을 사망 상태로 단계별로 평가하는 수치를 말한다.

129   Jeffery Long. Ibid. pp36-37.

출간했다. 그의 대표적인 책은 「Evidence of the afterlife」(내세의 증거, 2010), 「God and the Afterlife」(하나님과 내세, 2016) 등이 있다. 그가 운영하는 NDERF.org[130] 웹사이트에는 현재 23개 언어로 약 5,300건의 임사체험 보고가 수록되어 있다.

핌 반 롬멜(Pim Van Rommel, 1943~)

그는 네덜란드의 세계적인 심장 전문의이다. 1969년 그가 심장 전문의가 된 후 당시 시행되기 시작했던, 새로운 시술 방법 중 하나였던 CPR(Cardiopulmonary Resuscitation: 심폐소생술)을 자신이 맡은 첫 번째 심장마비 환자에게 시술한 결과 그 환자는 소생했고, 그와 모든 의료진들은 CPR 시술을 성공한 것에 기뻐하고 있을 때 회생한 환자는 자신이 심정지된 상태에서 경험했던 얘기를 했다.

즉, 자신은 긴 터널을 통과했고, 아름다운 색체와 밝은 빛을 보았으며 아름다운 음악과 또한 아름다운 넓은 뜰을 봤다고 하면서 극도의 흥분 상태에 있었다. 당시만 해도 롬멜은 임사체험(NDE)이라는 용어 조차도 들어 본 적이 없었기에 그는 너무나 혼란스러웠다. 자신의 의학적 지식으로는 절대로 불가능한 사실을 환자로부터 들었던 것이다. 심정지가 일어나면 모든 뇌기능이 죽고, 의식불능의 상태가 되며 호흡과 혈액의 흐름이 중지되기에 그러한 그의 경험은 불가능한 것이었기 때문

130　제프리 롱박사가 운영하는 임사체험 사이트.

이었다. 그 후 롬멜은 1978년도에 출간된 미국의 정신과 의사 George Ritchie가 쓴 「Return from Tomorrow」를 읽게 되었고, 그때부터 그는 조직적으로 심장마비로 사망했다가 CPR 등으로 소생한 환자들을 대상으로 조사를 하게 되었다. 그런데 놀랍게도 50명 중에 12명으로부터 임사체험에 대한 얘기를 듣게 되었다. 그의 호기심은 그때 극에 달하게 되었다. 즉 심정지가 일어나면 뇌혈관에 산소 공급 중단으로 5분-10분 안에 뇌사가 일어나며 설령 그 과정에 다시 소생하더라도 정상적인 인지 능력을 회복할 수가 없기 때문에 이러한 생생한 임사체험의 증언들은 불가능하기 때문이었다. 특히 임사체험을 경험한 환자들의 병력을 그가 조사했을 때, 그들은 의학적으로 완전한 사망 판정을 받은 후에 그러한 경험을 했다는 것에 롬멜 박사는 놀랐다. 그때부터 그는 끊임없는 질문을 자신에게 했다.

나는 누구인가?

왜 나는 여기 있는가?

내 생명의 근원은 무엇인가?

언제 그리고 어떻게 내 생명이 끝이 날것인가?

죽음이란 내게 무슨 의미인가?

내가 죽은 후에도 내 삶이 계속될까?

이러한 롬멜 박사의 근본적인 질문은 그로 의학적 사망과 의식의 관계, 즉 사망 후에도 의식이 지속되는지에 대한 보다 과학적인 연구에 불을 지피게 되었다. 이 일을 계기로 롬멜 박사는 지금까지 임사체험에 관해 과학적으로 연구하는 권위자가 되었다.

롬멜 박사는 먼저 이전 연구자들의 연구자료를 찾아보았다고 한다. 그가 발견한 것은, 1975년부터 2005년까지 임사체험 환자들 총 2,500명을 대상으로 연구한 논문 42개가 발표가 되었고 그 결과 다양한 상황에서 임사체험을 한 경험자들을 무작위로 선정해 연구했음에도 불구하고 그 경험의 유형이 대단히 유사했다는 결과를 알게 되었다.[131]

1982년 미국의 겔럽 여론 조사에 의하면 전체 미국인구의 약 5%가 임사체험을 했을 가능성이 있다고 결론 내렸고, 1998년 독일에서 여론 조사결과 4.2%가 임사체험의 경험이 있는 것으로 발표되었다. 근래에 와서는 CPR(심폐소생술)의 확대로 점차 더 증가하고 있고, 나타내지 않고 있던 체험자들이 미디어와 문서의 보급으로 알려지면서 더욱 많은 임사체험자들의 숫자가 증가하고 있는 상황이라고 한다. 이러한 임사체험은 인종, 학벌, 종교, 성별, 교육 수준, 직업, 고향, 결혼 유무를 초월해서 골고루 일어나고 있기 때문에 이러한 사회적·신체적 조건은 임사체험에 전혀 영향이 없다는 것이 판명되었다.

더욱이 종교적으로 깊은 생활을 한 사람이나 그렇지 않은 사람과의 차이도 전혀 없었다. 그리고 이러한 임사체험을 유발했던 신체적 상황도 다양했다. 즉, 심근경색, 부정맥으로 인한 심정지, 교통사고나 뇌출혈 후 뇌손상 혼수, 어린이의 익사, 자살시도 실패, 중독으로 인한 혼수상태, 분만 시 출혈로 인한 혼수상태, 패혈증 감염, 전신마취 합병증으로 혼수상태, 전기 감전, 심한 우울증, 명상하는 중 경험, 또는 어떤 사

---

131 Pim van Lommel. *Consciousness Beyond Life.* (New York. Harper One. 2010.) p107.

람은 자연에서 산책을 하다가 경험하기도 했다.[132]

또한 연구 중에 뇌기능의 심각한 손상 여부 그리고 심정지 후 경험 여부, 투여한 약물의 종류 여부, 교육 수준과 종교적 심취도 등을 비교했지만 이러한 요인들이 임사체험과는 무관한 것을 알 수 있었다.[133] 그리고 체험을 한 사람들과 비슷한 조건의 사람들 중에도 체험을 하지 않은 사람들도 있었다는 것을 발견했다. 그리고 그 원인이 무엇인지는 알 수가 없었다는 것이다. 또한 특이한 점은 어린 아이일수록 더 많은 수가 경험을 했고 나이가 많은 사람보다 젊은 사람일수록 더 많은 사람이 경험을 했다고 했다.[134] 롬멜 박사는 좀더 심층적으로 여러 각도에서 임사체험을 부정적으로 평가하는 의견들에 대해 조목조목 그 해답을 제시하고 있다.

[생리적 이론] 일부의 주장에는 뇌의 저산소증으로 사람은 5분-10분 사이에 소생하지 못하면 뇌손상이 일어나고 사망에 이르게 되는데 특별한 경우에는 심각한 산소결핍으로 잠시동안 비정상적인 뇌활동이 지속되고 이로 인해 뇌의 특정 수용체가 차단되고 신체 자체에서 생성되는 일종의 모르핀인 엔도르핀이 방출되어 환각과 평화로움을 느끼게 된다는 것이다. 이러한 상태에서 경험하는 것이 임사체험과 유사하다고 일부에서 주장한다는 것이다. 그러나 롬멜 박사는, 임사체험은 그런 몽롱한 상태의 환각이 아니라 실제로 완벽한 기억과 함께 모든

----

132 Lommel. Ibid. pp110-112.

133 Ibid.

134 Ibid.

감각 기능이 정상적으로 작용하며 몸 밖에서 자신의 몸 주위의 모든 것을 정확하게 보고 듣고 기억한다는 것이다. 이는 마치 뇌가 전혀 손상이 되지 않은 상태에서나 일어날 수 있는 일들이라는 것이다.

한 예를 들면 전투기 조종사들이 엄청난 중력 때문에 때로는 의식을 잃고 뇌전증에서 볼 수 있는 발작이나 혼란을 경험하면서 동시에 빛의 감각, 터널시야, 평화로운 떠다니는 감각 등 마치 임사체험과 유사한 경험을 하기도 하지만, 임사체험에서처럼 죽은 가족들을 만난다든지, 지난 생애를 영화처럼 본다든지, 채외 이탈 같은 생생한 경험은 없다는 것이다.[135]

[이산화탄소 중독] 산소가 결핍되면 혈중 이산화탄소 농도가 높아져 환각을 일으키기도 한다는 이론이다. 실제로 50년전 헝가리의 신경외과 의사 라디라 메두라(Ladislas Meduna)는 환자들에게 수술 시 이산화탄소를 마시게 했는데 그때 일부 환자들은 밝은 빛, 터널, 평온함 또는 기억의 섬광을 경험했다고 한다. 그러나 임사체험자들이 경험했던 사망한 사람들과의 만남이나 임사체험자들이 체험 후에 자신의 삶에 극적인 변화를 겪는 것과 같은 일은 없었다는 것이다. 그리고 이러한 환자들은 대부분 매우 불안정하고 의식을 잃고 산소공급을 받은 후 겨우 소생했다고 했다. 그러나 임사체험자들의 경우에는 오히려 반대로 혈중 이산화탄소 농도는 매우 낮았고 산소 포화도가 높았다는 것이다. 2010년에는 이산화탄소가 임사체험에 영향이 있는가에 대한 연구가

135   Lommel. Ibid. pp115-116.

발표되었는데, 그 결과 일부는 유사한 임사체험과 같은 경험을 했지만 대다수는 경험하지 못했고 실험 당시에 이산화탄소 측정 시간과 방법에 많은 문제가 있었던 것으로 밝혀져 실험이 정확하지 못했다는 평가를 받았다.[136]

[뇌의 화학반응 영향] 마취제로 사용된 케타민(Ketamine)이 스트레스나 산소 결핍동안 뇌에서 특정 수용체(NMDA)를 차단하기 때문에 환각을 일으킨다는 의견이다. 그러나 이럴 경우 보통 임사체험 시에 나타나는 현상보다는 오히려 기괴한 환영 등을 체험한다는 것이다. 또 다른 의견은 엔도르핀(Endorphins)이 임사체험을 유발한다는 견해인데, 이 역시 때로는 통증을 없애고 평화와 웰빙 느낌을 유발시키지만 임사체험에서 나타나는 현상과는 전혀 다른 경험이라는 것, 그리고 엔도르핀 효과는 의식이 있는 상태에서도 몇시간 동안 지속되지만 임사체험은 의식 회복 즉시 그 현상이 사라진다는 차이점이다.[137]

[DMT, LSD, Psilocybin, Mescaline] 이러한 항정신성 물질은 자연에서 대량으로 발견되며, 남미, 멕시코의 식물과 버섯에서 발견되는 물질이다. 이러한 약물들은 신경전달 물질 세로토닌과 밀접한 관련이 있으며 트립타민 화학 구조에서 유래한다고 한다. 그리고 뇌의 감정, 시각, 청각 등에 지극을 초래한다고 한다. 특히 교통사고 심정지 급성 통증과 같은 주요 심리적, 신체적 스트레스가 있을 경우 신체는 부신 피

136 Lommel. Ibid. pp117-118.

137 Ibid. p118-119.

질 자극 호르몬을 대량 방출해 많은 양의 DMT를 활성화하여 환각을
일으킬 수 있다는 주장이다. 그러나 이러한 약물들로 인해 일어나는
환각은 분명히 임사체험의 경험과는 많은 부분에서 차이가 있다는 것
이다.[138]

이 외에도 뇌의 전기적 활동이나 자극, 또는 심리적 불안정, 심한 우
울증 등에 의해 임사체험이 일어날 수 있다는 가설들이 있으나 이러한
대부분의 현상들은 신체적, 정신적인 불균형과 비정상 상태에서 일어
나는 일시적 환각 상태이며 그 내용 또한 임사체험의 내용과는 많은
면에서 차이가 나고 가장 결정적인 것은 임사체험은 대부분 의식이 분
명하고 감각기관이 극히 정상적인 상태에 있는 사람이 생명의 위협,
또는 일시적인 죽음의 상태에서 발생한다는 것이 큰 차이점이라고 할
수 있다.

이러한 롬멜의 주장을 뒷받침하는 무디 박사의 증언도 있다. 즉, 무
디 박사는 수많은 임사체험자들을 면담하는 중 그들의 의식과 죽음 당
시의 경험 등 여러가지를 비교하면서 무엇이 임사체험을 유발하는지
를 관찰했는데, 임사체험을 유발하는 특이한 상황이나 조건이나 사람
의 심성 등은 발견하지 못했다. 각자가 다른 상황에서 일방적으로 경
험했다는 것이다. 그러나 한가지 특별한 것을 발견했는데, 그것은 임
사체험을 한 사람들 중 죽음이 임박했을 때보다 완전히 사망한 후에
경험한 사람이 더 많았으며, 또한 죽었다가 다시 살아난 기간이 짧은

138　Ibid.

사람보다 사망한 후 시간이 많이 경과한 후에 다시 깨어난 사람일수록 체험의 강도가 더 강렬했다는 사실이다. 그 결과 무디 박사는 의학적으로 완전한 사망 상태에서 확실하고 강렬한 임사체험이 일어났었다는 사실을 확인할 수 있었다고 했다.[139] 이러한 사실은 하버드 대학 병원 신경외과 의사로 자신이 직접 임사체험을 한 이븐 알렉산더 박사도 직접 증언했다.[140]

139   R. Moody. Ibid. pp11-15.

140   John C. Hagan II. Ibid. p126.

제7장

임사체험의 내용

이 장에서는 구체적으로 임사체험의 내용을 다루려고 한다. 사실상 이 용어는 다시 말하지만 1975년 레이먼드 무디 박사가 그의 책 「삶 이후의 삶」(Life After Life)에서 처음으로 사용했다. 물론 그가 말하는 임사체험이란 현상은 인류가 이 땅에 존재하기 시작한 때부터 있어 왔던 것을 그가 학술적으로 표현한 것이다. 그러나 임사체험이란 말보다는 "죽음 체험"(Death Experience)이라는 말이 더 적합하다고 생각한다. 왜냐하면 물론 경험자들이 때로는 의학적으로 완전한 사망의 상태에 이르지 않고서도 경험한 경우도 있었지만 대부분의 경우는 완전한 사망 상태에서 겪었던 경험이었기 때문이다. 더욱이 이러한 경험은 심정지 환자나 뇌손상의 상태에 있는 사람에게 가장 많이 일어났고, 의학적으로 완전한 사망 판정을 받은 사람일수록 더욱 생생한 경험을 했다는 것이다.[141] 그리고 1960년대 이후 심폐소생술(CPR) 개발 이후 임사

141　Pim Van Lommel. *Consciousness Beyond Life*. (New York. Harper One. 2010.) p8.

체험 사례는 급격히 증가하는 추세에 있으며 지난 50년간 대략 전 세계적으로 적어도 2500만 명 이상이 임사체험을 한 것으로 보고 있지만 대부분의 경우 의료진들은 축소 보고를 하고 있다고 한다. 그 이유는 대부분의 경험자들 자신은 임사체험의 내용이 상식적이지 못하다는 이유에서 침묵하고 있고 또한 임사체험을 듣거나 직접 목격한 의료진들은 현재의 의학적 이해에 혼란을 초래한다는 이유에서이다.[142] 그러나 이러한 부정적인 견해에도 불구하고 이에 관한 연구자들은 점점 많아지고 있고, 과학적인 연구는 더욱 발전하고 있으며, 시간이 지남에 따라 전 세계적으로 수집된 자료는 수천, 수만 건에 이르고 있다. 그리고 그만큼 수많은 자료들은 객관적이고 과학적인 연구에 결정적인 단서들을 제공하고 있고 연구자들로 하여금 충분한 객관성을 유지하는 데 도움을 주고 있다.

미국 켄터키주 세인트 죠셉 암센터의 제프리 롱(Jeffrey Long) 박사의 경우 전세계적으로 5천 건이 넘는 경험자들의 자료를 수집했고, 버지니아 의과대학 부루스 그레이슨(Bruce Greyson, M.D.) 박사의 경우 40년간 1000명이 넘는 경험자들을 인터뷰했다. 앞에서 세계적인 석학들이 이미 언급했듯이 과학이 모든 것에 대한 대답을 줄 수 없고 과학적 연구가 반드시 진실을 밝힌다는 것은 아니지만 지금까지 인간 사회에서 그래도 가장 객관성을 인정받고 상식을 벗어나지 않는 면에서 우리의 이해를 촉구하는 하나의 방법이기 때문에 과학적 연구는 여전히

---

142 Ibid. p9.

우리의 공통된 증거로 채택되고 있는 것이 사실이다. 그리고 이후에 인용되는 임사체험자들의 경험 내용은 세계적인 전문의들이 직접 인터뷰한 경험자들의 글을 그들의 책에서 인용한 것들이다. 그리고 각주를 통해 출처를 밝혔다.

임사체험의 내용들

1. 유체이탈(幽體離脫, Out of Body Experience; OBE)

대부분의 임사체험 자들이 첫번째 경험하는 것은 바로 유체이탈이다. 즉 자신의 몸 밖으로 빠져나와 자신의 몸과 주위의 환경, 사람들을 보고 생생하게 현실로 인식한다는 현상이다. 제프리 롱 박사의 연구결과에 의하면 임사체험자중 75.4%가 이러한 유체이탈을 경험했다고 했다.[143] 대표적인 사례로는 부르스 그레이슨 박사가 상담한 56세의 트럭 운전사였던 엘 슐리번(Al Sullivan)의 경우였다. 그는 심장 수술을 하는 도중에 유체이탈을 해서 수술실 천정에서 모든 수술과정을 지켜보았다고 했다. 절개된 자신의 복부와 심장을 보았고 수술 의사가 팔꿈치를 펄럭이는 이상한 행동을 하는 것, 그리고 심장 수술을 하는 시간에 다른 의사가 자신의 다리에서 뭔가를 하고 있는 모습을 봤다고 했다.

그레이슨 박사는 후에 확인한 결과 일본계 미국 의사였던 심장외과 의사는 감염을 막기 위해 팔꿈치로 간호사들에게 지시를 하는 습관이

---

143   Jeffrey Long M.D. *Evidence of the After-Life.* (New York. Harper One. 2010.) p8.

있었다는 것과 심장 관상동맥 우회술에 필요한 혈관을 다리에서 떼어
내는 수술을 했다는 것을 확인했다. 엘 슐리번은 수술받는 동안 눈은
테이프로 봉해져 있는 상태에서 이러한 모든 것을 밝히 보았다는 사실
은 유채이탈의 사실을 증명하는 증거가 되었다.[144]

또 다른 경우의 예는, 권위있는 의학잡지인 「The Lancet」에 기고되
었던 네덜란드 심장외과 의사인 롬멜 박사의 경우이다. 한 심장마비
환자는 호흡이 중지되어 기도에 튜브를 삽입하여 산소를 공급하고 있
었다. 환자의 위 틀니를 간호사가 빼내어 크레쉬 카트 서랍에 넣었다.
환자는 일주일 동안 깊은 혼수 상태에 있었고 깨어난 후 수술실 상황
을 정확히 설명했다. 그리고 자신의 잃어버린 틀니가 크레쉬 카트 서
랍에 있다고 말했다는 것이다.[145]

이러한 유채이탈 경험이 일어날 때 경험자는 몹시 당황해한다고 한
다. 당연히 그런 경험을 일생 살아오면서 겪어 보지 않았기 때문에 자
신이 몸 밖에 살이 있다는 사실을 의료진들이나 자신의 몸 주위에 있
는 사람들에게 알리려고 소리를 지르기도 하지만 전혀 그들은 천정이
나 방 한쪽에 있는 자신을 의식하지도 못하고 말을 알아듣지도 못한다
고 했다.[146]

1982년 심장외과 의사인 마이클 새봄(Michael Sabom)은 임사체험

<hr>

144   Bruce Greyson. Ibid. pp64-69.

145   Jeffrey Long. Ibid. p73.

146   Ibid. p69. P. Sartori. *A Prospective Study of NDEs in an Intensive Therapy Unit.* (Christian Para-
       psychologist 16. no2. 2004.)

자 중 유체이탈의 경험이 있는 32명을 대상으로 자신의 수술 과정을 설명하도록 했는데 거의가 정확히 묘사했다는 사실을 확인할 수 있었다고 한다.[147] 그리고 그들은 대부분 심폐소생술로 살아난 환자들이었고 심지어는 그들이 자신이 죽어 있는 동안 간호사들이 수술 과정에서 큰 실수를 한 것까지 말했다고 한다. 새봄 박사는 대조군으로 25명의 다른 환자들, 예를 들면 약한 마취로 어느 정도 의식이 있었던 환자 등을 대상으로 설문 조사한 결과, 오히려 대부분의 그들은 자신들이 수술하는 과정에 있었던 일들을 정확히 설명하는 데 실패했다고 증언했다.[148]

또 다른 증언으로는 닥터 클락(K. Clark)과 오웬(Owens)이 보고한 바에 의하면 실험한 환자 60명은 병실 안에서뿐 아니라 병실 밖에 있었던 상황까지 보았다는 사실을 확인했다고 했다. 한 젊은 여성은 분만 중 과다출혈로 임사체험 상태에서 병실 밖 복도에서 자신의 어머니가 담배를 피고 있었다는 것을 말했는데, 평소에 그의 어머니는 담배를 거의 피지 않았지만 그날은 너무나 긴장한 나머지 긴장을 해소하기 위해 담배를 피었다고 말했다는 것을 확인했다.[149]

그러나 이러한 유체이탈의 경험을 비판하는 주장들도 있다. 그중에 하나는, 단순한 뇌 작용의 오류에서 일어나는 현상이라고 주장하는 연구자들도 있다. 팬필드(Penfield)와 에릭슨(Erickson)같은 사람들은 뇌의 측두엽(temporal lobe, 側頭葉)의 비정상적인 활성화가 신체 인

147 The handbook of near-death experience. Ibid. pp199-200.

148 Edward F. Kelly. Irreducible Mind. Ibid. pp387-388.

149 Ibid. p389.

식에 변화를 일으켜 유체이탈을 경험하게 한다고 주장했다. 그들은 실제로 수술을 준비 중인 깨어 있는 간질환자의 노출된 뇌의 다양한 지점을 자극하는 과정에서 유체이탈 현상을 일으켰다고 했다. 그러나 실제 임상실험 환자의 1,132명 중에 단 두 명만이 유체이탈과 같은 경험을 했다고[150] 함으로써 측두엽 자극에 의해 일어나는 현상이라고 단순히 취급하기에는 그 증거가 부족하다는 것이다.

제프리 롱 박사는 이러한 유체이탈 연구결과를 발표하면서, 육체적 눈과 귀와 같은 기관이 전혀 기능하지 않은 상태에서 생생하게 보고 듣고 말할 수 있다는 것에 대해 오늘날 과학은 새로운 해답을 찾기 위해 노력해야 할 것이라고 충고하고 있다.[151]

2. 고양된 감각 경험(Hightened Senses)과 생생한 의식

임사체험자들은 한결같이 체험 때의 모든 감각은 육체를 입고 있을 때보다 훨씬 더 예민했다고 증언하고 있다. 아마도 육체의 제한을 벗어난 순수한 의식의 상태에서 경험한 결과일 것이라고 추측을 해 볼 수 있다.

부루스 그레이슨 박사는 임사체험이 얼마나 강렬한 경험이었으며 그 효과가 얼마동안 지속되었는가를 실험했다. 그는 40년 동안 임사체험을 연구하며 수집한 체험자들의 자료에서 1980년대 초에 임사체험을 한 사람들을 골랐다. 그리고 2002년 무려 20년이 지난 후 그들을 다

---

150   *The Hand Book of Near Death Experiences.* Ibid. pp-220-221.

151   Jeffrey Long. Ibid. p76.

시 면담하여 얼마나 그들의 기억 속에 확실하게 남아 있는지 혹은 그들이 그동안 살아오면서 혹시 그 내용이 더 다른 의미로 미화되었는지를 비교 분석한 결과 거의 대부분 그들은 생생하게 그대로의 경험을 기억하고 있었으며 변형되거나 가감된 내용이 없었다는 것이다.[152] 그 중 몇 사람의 진술을 보면,

23세에 출산 중에 마취 부작용으로 임사체험한 Jayne Smith는 *그게 꿈이었다는 생각을 한 번도 해 본 적이 없어요. 그게 사실이고 진짜이고 내가 아는 어떤 일보다 더 실제적이라는 사실을 알아요.* 라고 했다.

그리고 LeaAnn Carroll은 31세 때 폐에 커다란 핏덩이가 생겨 심장 박동이 멈추어 사망해서 임사체험을 했다. *나의 죽음의 체험으로 겪었던 것은 현실보다 더 현실이었어요.* 라고 했다.

27세에 이산화질소(Nitrous Oxide)의 부작용으로 사망해서 임사체험한 Nancy Evans Bush는 *맞아요 진짜보다 더 진짜였어요, 완전히 현실이었어요.* 라고 했다.

23세에 임사체험한 Susan Litton은 *의심의 여지가 없었어요. 모든 게 우리가 물질세계에서 경험하는 것보다 훨씬 더 현실적으로 느껴졌어요.* 라고 했다.

21살 때 동차가 굴러 사고를 당하여 임사체험한 Chris Matt는 *의심의 여지없이 분명한 현실이었어요 그리고 우리가 여기서 경험하는 그 어떤 것보다 더 생생한 현실이었어요.* 라고 했다.

31살에 자살을 시도했던 Yolaine Stout는 *이 세상의 어떤 일보다 더 실제*

---

152 Ibid. pp95-96.

 라고 했다.[153]

이와 같이 임사체험 경험자들은 한결같이 당시의 경험은 모든 감각 기능이 몸을 입고 있을 때 보다 훨씬 명료하고 예민해졌다고 진술을 했다.

제프리 롱 박사의 연구 결과에 의하면 1,122명의 임사체험을 한 사람들에게 질문하기를 *당신이 임사체험 때 경험한 것을 현실에서 경험한 것과 비교할 때 얼마큼 더 현실적이고 생생한 경험이었느냐*고 질문했을 때, 962(95.6%)명은 *현실보다 더 현실이었다*고 대답했고, 40명(4.0%)은 *아마도 사실이었을 것이다*라고 했으며, 3명(0.3%)은 *아마 현실이 아니었을 것이*라 대답했고, 1명(0.1%)만이 *확실히 현실이 아니었다*라고 대답했다.[154]

신경외과 의사로서 자신이 직접 임사체험을 경험한 이븐 알렉산더 박사는 임사체험 얘기에서 자주 등장하는 **초실제**(Ultra-real)이라는 단어를 사용하면서 그 세계는 실제라기엔 너무나 실제였다고 했다. 그리고 그는 체험이 있은 후 아들의 권유로 자신의 체험을 3천 단어 이상을 쓰고 난 후 임사체험의 자료를 찾아본 결과 모든 체험자의 절반 이상이 그 세계는 이 세계보다 훨씬 더 실제 현실이었다고 증언한 것을 보았다고 했다.[155]

뿐 아니라 이때의 시각은 보통 우리의 시각과는 달리 360도 시각을 가졌다고 했다. 즉 앞뒤, 좌우, 그리고 위아래를 동시에 볼 수 있었나

---

153 Greyson. Ibid. p96.

154 John C. Hagan III. *The Science of Near-Death Experiences*. (Columbia Missouri. University of Missouri Press. 2017) p76.

155 이븐 알렉산더. *나는 천국을 보았다. 두 번째 이야기*. Ibid. p126.

고 했다.[156]

레이라는 이름의 아이는 운동장에서 말을 타고 있을 때 친구가 말 위에서 회전 점프를 할 수 있느냐고 했다. 그때 레이는 친구들에게 보여 주기 위해 말 위에서 회전 점프를 하다가 거꾸로 떨어져 머리를 땅에 부딪쳤고 순간 의식을 잃었다. 그때 레이가 한 표현은

나는 몸을 가지고 있었지만 몸이 없는 것처럼 느꼈어요. 그리고 나는 떠다니는 눈알처럼 모든 방향을 한꺼번에 볼 수 있었어요. 아니 거기에는 방향이나 높낮이가 없었어요.[157]라고 했다. 시각과 함께 청각 역시 초현실적 감각이었다고 했다. 제프리 롱박사의 면담 결과 46%는 명확성, 음원 인식 능력, 음높이, 소음들이 초현실적이었다고 했으며, 22%는 불확실하다고 했고, 31%는 현실적이지 않다고 했다. 마크라는 남성은 심장 수술 중 심정지를 겪고 임사체험 하는 중에

모든 소리는 믿을 수 없을 정도로 선명했고 최고 존재의 목소리는 어디선가 들려오는 것 같았는데 동시에 사방에서 흘러나오는 것 같았습니다. 그리고 말은 그분의 입에서 나온 것이 아니라 주변의 아우라에서 나왔어요.[158]라고 했다.

3. 신비로운 빛과 신성한 존재를 만남

제프리 롱 박사의 통계에 의하면 임사체험자 중 64.6%가 빛의 경험

---

156   Jeffrey Long. *Evidence of the Afterlife*. Ibid. pp60-62.

157   Ibid.

158   Ibid.

을 했다고 했다.[159] 그리고 빛에 대해 말하기를 태양 빛보다 백만 배 더 밝았지만 아름다웠지만 그러나 눈이 부시지 않고 그 빛을 쳐다볼 수 있었다고 했다. 이에 대해 레이먼드 무디 박사는 그들은 이미 육체적인 눈이 없는 영의 상태였기 때문에 그 밝은 빛이 눈에 해를 가하지 못했을 것이라고 해석했다.[160] 그리고 그 빛과 함께 사랑과, 기쁨과, 평화를 느꼈다고 고백했다. 그 빛에 흡수되거나 하나가 되는 경험을 하기도 했고 말할 수 없는 지식과 지혜를 얻었다고 했다.[161] 그 빛을 경험한 한 체험자는:

나는 완전한 사랑의 감정에 빠져 있었다. 내가 왜 암에 걸렸는지 확실히 알 수 있었고 왜 이 세상에 왔는지 우리 각자가 인생에서 어떤 역할을 했는지 알게 되었다. 그리고 그 순간 모든 것을 깨닫는 통찰력은 말로 표현할 수 없을 정도로 깊고 높았다. 3차원의 세계에서 깨달을 수 없는 것들이 너무 많다는 것을 알았다. 그리고 그 빛은 신성한 영적 존재임을 알았다. 그 순간 우주의 기원, 우주의 작동 원리, 사람들은 누구며 무엇을 하는지, 사람들 간의 생각과 일들, 전쟁과 자연재해 원인, 모든 것이 한꺼번에 이해되었고 모든 과거, 현재, 미래까지 이해되었다. 그리고 모든 종류의 기계, 전기, 전자, 물리학, DNA, 양자역학, 원자 등, 동물, 세포, 지구와 다른 행성, 모든 것이 연결되어 있고 하나라는 것도 깨달았다.[162]

빛을 경험한 임사체험자들은 대부분이 그 빛이 단순히 물리적인 빛

159 Jeffrey Long. Ibid. p10.

160 R. Moody. *Life after Life*. Ibid. p51.

161 Ibid.

162 Lommel. Ibid. pp33-35.

이 아니라 인격이나 어떤 한 신성한 존재로 인식을 했다. 기독교인이었던 사람들은 그 빛을 예수나 하나님으로 인식을 했고, 유대인 중 임사체험자들은 그 빛을 천사라고 했다. 그러나 그들 모두는 그 빛이 사람의 형상이라든지 어떤 다른 모형을 말하지 않았다. 그리고 그 빛과 소통이 이루어지는 데 모두가 어떤 언어나 목소리가 아닌 직접적이고 즉각적인 소통이 이루어졌다고 했다. 그 내용을 사람의 언어로 표현하기가 어렵다고 말했지만 일부 경험자는 *죽을 준비가 되었나?* 혹은 *인생에서 무엇을 했나요?* 등의 질문이 있었다고 했다.[163]

그 빛은 밝고 희고 노랑색이었다.

엄청나게 밝았고 주변의 모든 것을 드러내었다. 수술실, 간호사 등 모든 것이 선명하게 보였다. 그리고 그 빛은 나에게 '죽을 준비가 되었는가'라고 물었는데 마치 사람과 대화를 하는 듯했다. 그리고 곧 내가 아직 죽을 준비가 되어 있지 않은 것을 아는 듯한 목소리였다. 그러나 그 말을 듣는 순간 마음에 평화가 오고 상상할 수 없는 사랑이 느껴졌다.[164]

크레이그(Craig)는 여름 캠프에서 급류에 보트를 타다가 익사를 하게 되었다가 임사체험을 했다. 그는 커네티컷 대학의 심리학 교수였던 임사체험 연구가 케네스 링 박사의 임사체험 과목을 수업하는 학생이었는데 강의 시간에 자신의 경험을 얘기했다.

나는 어둠 속을 빛의 속도로 움직이는 것 같았고 멀리 떨어진 곳에서는 점점

---

163   R. Moody. Ibid. pp53-54.

164   Ibid. pp56-57.

더 커지는 것 같은 작은 빛의 한 지점이 보였다. 그곳이 나의 목적지라는 것이 깨달아졌다. 나는 아름답고 눈부신 백색광의 거대한 덩어리가 될 때까지 속도를 냈다. … 얼마 지나지 않아 빛이 나를 집어삼켰고 마치 빛과 하나된 것 같은 느낌이 들었다. 알아야 할 모든 것에 대한 지식이 있는 것 같았고 나를 그 일부로 빛은 받아들였다. 온 세상이 완전하게 조화를 이루는 것 같았다. 모든 것이 너무나 선명하고 단순했다. … 이 세상에 있을 때보다 훨씬 높은 수준의 사고를 하게 되었다. 그 빛을 통해 엄청나게 나 자신이 확장된 느낌을 받았다. 그때는 나의 인생에서 가장 행복했고 완전한 사랑과 이해로 목욕을 하고 그 빛을 쪼이는 것 같았다.[165]

4. 고인이 된 가족이나 지인들을 만남 또는 다른 알 수 없는 존재들을 만남

제프리 롱 박사의 연구에 의하면 임사체험자들의 57.3%가 이러한 경험을 한 것으로 밝혀졌다.[166] 대부분의 경우는 사망한 가족들, 친구들 혹은 안면이 있는 사람들을 만났다고 했다. 그 중에 어떤 경험자들은 전혀 알지 못하는 사람들을 만났는데 나중에 회생한 후 가족 사진이나 친지들을 통해 그가 만났던 사람이 오래전에 고인이 된 가족이나 친지였다는 것을 알게 된 경우도 있었다.[167]

나는 내가 알지 못하는 존재들에 둘러싸여 있었다. 그러나 그들은 마치 오래전부터 나와 함께 했던 사람들, 가족들처럼 느껴졌다. 그들은 나의 영혼의 가족이라고 느껴졌다. 그들을 만나면서 사랑과 기쁨이 넘쳤다. 아버지는 나의 옆에

165　Kenneth Ring. *Lessons from the Light*. (Newburyport. MA. New Page Books. 2006.) pp11-15.

166　Jeffrey Long. Ibid. pp11-12.

167　Ibid.

계셨지만 볼 수는 없었다. 그리고 여동생은 가까이 왼쪽에 있는 것 같았다. 그 많은 사람들 중에 여동생과 아버지 그리고 내가 아는 사람은 할머니뿐이었다. 그리고 나의 어머니와 내 딸의 목소리가 들렸다. 당시 내 딸은 두 살밖에 안 되었는데 내가 들었던 딸의 목소리는 성장한 사람의 목소리였다. 그들이 내 이름을 불렀고 갑자기 내 몸이 기류를 타고 빠르게 움직이는 것을 느꼈다. 바람이 나를 불어 날리는 것 같았고 밝고 밝은 빛과 해변이 빠르게 지나갔고 그때 내 딸과 나의 어머니가 해변에 서 있는 것을 보았다. 딸은 훨씬 자란 모습이었다. [168]

E. W. Kelly의 연구 결과에 의하면 임사체험자들의 42%가 죽은 가족과 지인들을 만났다고 보고하고 있다. 그러나 비판적인 의견은 약물이나 기타 생리적 상태에서 고인이 된 사랑하는 사람을 보고 싶은 열망 때문에 단순한 환각 상태에서 일어나는 일이라는 것이다. 하지만 이에 대해서 Osis와 Haraldson[169]는 실험 결과, 임사체험이나 죽음에 가까운 사람들은 건강한 사람들보다 오히려 이미 사망한 사람들을 더 잘 인식했고 반대로 건강한 사람이 환각 상태에 있을 때는 죽은 사람들이 아니라 살아 있는 사람들을 더 잘 인식했다는 것이다.[170]

또한 특이한 점은 극히 종교적이었던 사람들도 예수님이나 다른 성인들을 만났었다는 사람은 많지 않았으며, 감정적으로 가까웠던 사람들을 만난 사례가 많았고, 그중에 1/3은 자신과 멀리 있었던 사람 그리

168 Jeffrey Long. Ibid.

169 Irreducible Mind. Ibid. p390. Osis K. *Deathbed Observations by Physicians and Nerses.* (Parapsychology Foundation. 1961.)

170 Ibid.

고 사이가 좋지 않았던 사람들을 만났다고 했다. 또 어떤 경우에는 자신이 태어나기 훨씬 전에 고인이 된 친척을 만난 경우, 그리고 한 번도 본적이 없었던 사람을 만났던 경우도 있었다.

핌 롬멜 박사가 면담했던 임사체험자는 심장마비로 임사체험을 했고 그때, 사망한 할머니와 모르는 한 남자를 만났는데, 나중에 알게 된 사실은, 어머니가 자신에게 전 남편이 있었고 2차 대전 중에 사망하고 그 후 자신은 혼외자로 태어났다고 했다. 그리고 전 남편의 사진을 보여 주었는데 그가 바로 자신이 임사체험 중에 보았던 사람임을 알았다고 했다.[171]

무디 박사가 면담한 한 여성의 고백이다.

내가 출산할 때 피를 너무 많이 흘려서 의사가 가족들에게 내가 죽어 가고 있다고 말하는 것을 들었다. 그러나 나는 정신이 아주 맑았고 천정에 여러 사람들이 떠돌고 있는 것을 봤다. 그들 모두는 내가 아는 사람들이었고 학교 다닐 때 알고 지냈던 할머니와 소녀, 그리고 다른 많은 친척들이 있었다. 그들은 모두 기뻐하는 모습이었고 나를 보호하거나 인도하러 왔다는 것을 알았다. 너무나 아름답고 행복한 느낌을 받았다.[172]

무디 박사의 연구에 의하면 이러한 임사체험 중에 경험하는 죽은 사람과의 만남은 매우 다양했다. 사랑하는 가족들, 아는 지인들 친지들, 그리고 모르는 사람들 등, 그리고 그들은 말하기를 만난 사람들과 소통할 때 그들의 목소리만 듣는 경우도 있고 때로는 몸을 가진 모습을 볼 때

171   Ibid. p391.

172   R. Moody. *Life after Life*. Ibid. p48.

도 있었다고 한다. 심지어는 그 순간 자신도 형체가 없는 몸으로, 즉 팔과 다리가 있다는 느낌은 있지만 볼 수는 없는 상태이기도 한다고 했다. 그리고 수많은 죽은 사람들을 의식하거나 볼 수 있었다고 했다. 그리고 많은 경우에서 아주 가까이서 자신을 안내하거나 모든 상황을 알려 준 어떤 사람을 만나는데 그들은 수호령이나 천사라고 표현을 했다.[173]

이 단원을 마무리하면서 특별한 경우를 소개한다. 이 내용은 「사후생」(On Life after Death)을 쓴 미국의 정신과 의사 엘리자베스 키블러 로서 박사의 책에 있는 내용이다.

그녀는 스위스계 미국 정신과 의사로 시카고 대학 병원에서 근무하고 있었다. 그녀는 말기 암환자들 같이 임종을 앞둔 환자들을 정신적으로 치료하는 호스피스 의사로 일했고 특히 어린이 환자들을 많이 치료했다. 그녀가 사실 임사체험 연구의 선구자라고 할 수 있다. 그녀에게서 영향받은 사람이 바로 임사체험 연구를 시작한 레이먼드 무디 박사이기 때문이다.

키블러 로서 박사는 어느 날 가까운 인디아나 에서 온 슈왈츠 부인이라는 한 여성 환자를 만났다. 그녀의 남편은 정신 분열증 환자로 심한 발작 증세를 자주 일으켜, 정상적인 가정 생활이 어려웠다. 남편의 발작과 자녀들에 대한 살해 위협으로 자녀들은 하나둘 집을 나갔고 어린 막내 아들마저 위험에 처했을 때 그녀는 아들을 가까운 친척에게 입양시킨 후 망가질 대로 망가진 자신의 몸과 정신적 고통을 이기지

---

173   Ibid. pp47-51.

못해 생을 마감하려고까지 생각했다. 그러던 어느 날 극심한 고통으로 인디에나 지방에 있는 한 병원 응급실에 입원을 했을 때, 그녀는 병실에서 유체이탈 현상이 일어났다. 당연히 병원 신체 정보 모니터가 사망했다는 비상 신호를 보냈기 때문에 급하게 의료진들이 달려와 자신의 몸에 심폐소생술을 하는 모습을 슈왈츠 부인은 병실 천정에서 보고 있었고 자신이 죽지 않았다는 것을 알리려 애써도 그들과 소통이 되지 않는다는 것을 느꼈다고 한다. 병원에서는 그녀에 대해 사망 판정을 내렸지만 45분 후에 그녀는 살아났다. 이러한 그녀의 임사체험 예기를 퀴블러 로스 박사는 듣고도 큰 관심을 갖지 않았다.

그 후 슈왈츠 부인은 1년 동안 간간히 퀴블러 로스 박사와 면담을 가졌는데 1년 반 후에 사망했다. 그녀가 사망한 지 10개월이 지나 퀴블러 로스 박사는 그녀를 거의 잊은 상태였던 어느 날 병실 복도에서 낯익은 한 여성을 만났다. 퀴블러 로스 박사는 약간 안면이 있는 그녀가 누구인지 기억이 나지 않았다. 그녀는 퀴블러 로스 박사에게 *로스 박사님 저는 되돌아와야 했어요. 제가 당신 사무실까지 걸어가도 될까요? 2분이면 됩니다.* 했다. 퀴블러 로스 박사는 그 순간 그녀가 10개월 전에 사망한 슐츠 부인이라는 사실을 알았고 너무나 놀라 자신이 현실이 아니고 꿈인가를 생각했다고 한다. 그리고 그 짧은 순간에 정신과 의사로서 수없이 자신에게 질문하고 스스로를 검증하기 위해 생각했다고 한다. 그리고 현실임을 알기 위해 그녀를 만져 보기도 하고 사무실에 같이 들어와서는 책상이며 도구들을 무의식 중에 만져 보았다고 한다. 어쨌든 다시 나타난 슐츠 부인은 고마움을 전하기 위해, 그리고 임사체험 연구를 중단하지 말고 계속해 줄 것과 세상 사람들에게 그 일을 알리는 것을 계속해 줄 것을 부탁하러 왔노라고 하면서 그 일을 계속해 주길 약속해 달라고 했다. 키블러 로스 박사는 정신과 의사의 기질을 발휘해 심지어 다시 나타난 슐츠 부인에게 간단한 메모도 직접 받았다고 한다. 그리고 그 메모는 자신이 지금도 간직하고 있노라고 했다(퀴블러 로스 박사는 2004년 뇌졸중으로 78세에 사망했다). 슐츠 부인에게 그러겠노라고 약속하는 순간 그녀는 사라졌다고 한다.[174] 이 일을 겪은 후 퀴블러 로스 박사는 임종 때까지 임사체험과 사후의 삶에 대한 전문가로 전 세계를 다니며 일만 번이 넘는 강연을 했다.

5. 전체 삶을 돌아봄(Life Review)

제프리 롱의 설문 결과 임사체험자의 22.2%는 이러한 삶의 회향을 경험했다고 했다. 이는 생각을 되살리는 것이 아니라 파노라마처럼 실제로 보며, 때로는 그 현장에 그대로 있는 경험을 했다. 그래서 회향이라 번역을 했다. 이러한 삶의 회향은 행동, 말, 감정, 타인이 느끼는 감정과 그 결과 등 모든 것을 함께 깨닫는 경험이라고 한다. 태어날 때부터 자신이 임사체험할 그때까지의 모든 것을 현장에 있는 것과 같이 경험하게 된다고 한다. 이때의 경험은 삶전체를 포함하는데 비록 심장이 정지되고 호흡이 멎는 몇 분 동안일지라도 시간을 초월해서 경험하게 된다. 거기에는 시간이나 공간이 존재하지 않고 나라는 개인도 존재하

174   엘리자베스 퀴블러 로서. 사후생. 최준식역. (서울. 여해와 함께. 2021) pp60-66, 80-81.

지 않고 나와 타인, 그리고 우주 전체가 하나로 인식되며 경험하게 된다는 것이다. 비록 아무리 짧은 시간에 경험이라도 며칠을 얘기할 수 있을 만큼의 내용을 경험한다.[175] 그리고 모든 삶의 순간들이 빠르게 지나가며 경험해도 믿을 수 없을 정도로 생생하고 현실감 있는 경험을 하며 그 현장의 모든 이미지의 색상들은 3차원의 입체로 나타난다고 한다. 그중에는 가장 사소한 일부터 의미 있는 일까지 모두가 생생하게 느껴지며 이러한 삶의 회향은 처음에는 밝은 빛의 존재가 나타나 그 신비로운 빛을 쪼이면서부터 시작된다고 했다.[176] 때로는 빛 없이 터널 통과 후 삶의 회향이 일어나는 경우도 있었지만 빛과 함께 경험하는 경우가 더 강렬했다고 한다. 그리고 한 경험자는 말하기를, 이러한 삶의 회향은 가르침을 주는 과정이었다고 한다. 즉 다른 사람을 사랑하는 법을 배우게 하고, 또 한편은 지식을 얻게 하는 경험이라고 했다.

그 빛이 나타났을 때 처음 질문은 '너의 인생을 통해 내게 무엇을 보여 줄 수 있나?'라는 말이었다. 그리고는 곧바로 나의 어린 시절로 되돌아갔다. 그리고는 내가 어린 시절부터 살아온 한 해 한 해의 일들이 보여 지기 시작했다. 언니와 겪었던 일들, 이웃 사람과의 관계들, 내가 갔던 곳들 … 유치원에서 내가 좋아했던 장난감을 망가뜨려서 한없이 울었던 일들 … 그리고 초등학교에서 걸 스카우트를 했던 시절 … 중학교를 거쳐 고등학교, 그리고 대학교까지 모든 일들이 보여졌다. 마치 산책을 하며 주변을 보는 것처럼 그리고 3차원의 세계에 있는

175   Lommel. Ibid. pp35-36.
176   레이먼드 무디. *죽음 이토록 눈부시고 황홀한*. Ibid. pp96-97.

것처럼…. 마치 나의 인생에서 중요한 순간들을 보면서 나에게 회상하게 하고 사랑이 얼마나 중요한지를 처음 보았던 빛은 내게 말하는 듯했다. 그리고 모든 것을 깨닫고 배우는 지식은 영원히 계속된다는 것을 알았다. 그리고 그 회향은 너무나도 빨리 지나갔지만 또 한편은 내가 충분히 깨닫고 느끼고 이해하도록 충분히 천천히 지나갔다.[177]

핌 롬멜 박사가 면담한 한 경험자는,

지금까지 나의 모든 인생이 파노라마처럼 또는 입체적인 모습으로 내 눈앞에 펼쳐졌고 각 사건은 선악에 대한 인식이나 그 원인과 결과에 대한 통찰력과 함께 경험되었다. 경험은 나의 관점에서뿐 아니라 그곳에 있는 모든 사람의 생각과 관점도 함께 느껴졌다. 그리고 말이나 행동이 어떤 결과를 끼쳤는지도 함께 이해되었다. 보이지 않는 세계의 일들도 마치 눈으로 보는 것처럼 생생하게 알게 되었고 꽤 긴 시간이었지만 동시에 한꺼번에 깨닫게 되기도 했다. 거기에는 시간이나 공간이 존재하지 않는 것처럼 느껴졌다.[178] 나는 조산사에 의해 가정에서 출생했다. 어린 나를 품에 안고 의사가 이 아이는 천재나 악당이 될 겁니다. 하는 말을 들었다. 내가 처음 몇 발짝 걸음걸이를 할 때 넘어질까 봐 어머니가 걱정하는 그 마음을 보았다. 이웃집의 개 벨로와 놀고 있는 나의 어린시절 모습을 보았는데 그 개는 농장을 지키는 개였고 나는 그 개를 무서워하지 않았다. 학창 시절의 모습에서 내가 선생님을 괴롭히던 모습도 보았고, 전쟁 중에 음식을 훔쳐 먹었던 모습도 보았다. 과거에 함께 동거했던 여인도 보았고 내 인생에서

---

177 레이먼드 무디. Ibid. pp98-102.

178 Ibid.

실수하고 잘못한 모습들도 보았다. 1944년 9월 아른헴 전투 때의 모습도 보았고 부상당해 병원에 입원했을 때 많은 사람들이 죽는 모습도 보았다. 또한 한 독일 군과 영국군이 전투에서 서로 싸우다 차례로 죽는 모습도 보았다.[179]

경험자들에 따라 조금씩 차이는 있지만 특징은 극히 짧은 시간에 전체 삶의 모든 부분들을 다 보며 경험하는데 빠르게 지나가더라도 충분히 그 순간 순간들과 사람들, 그리고 상황에 대한 느낌, 이해는 완벽하였다고 한다.[180] 베트남 전에 참전했다 부상당했던 사람은 이렇게 말했다.

나는 베트남에서 복무할 당시 부상을 당했고 결국 그 부상으로 죽었다. 그럼에도 무슨 일이 벌어지고 있는지 모든 것을 알았다. 나는 기관총 여섯 발을 맞고 죽었다. 그런데 총알을 맞으면서도 안심이 되었고 마음이 편안했다. 내 몸에 총알이 박히는 순간 살아온 나의 모든 삶이 내 눈앞에 사진처럼 나타났다. 내가 아기였을 시절로 돌아갔고 내가 살아온 모든 것들을 쭉 보여 주었다. 모든 것이 너무나 생생하게 보였고 내 바로 앞에서 그날의 일들이 보였다. 끝까지 보는데 짧은 시간이 지나갔다. 그리고 전혀 슬프지 않았다. 아무런 후회도 없었고 내 삶에 실망하지도 않았다. 그 모든 것들은 슬라이드 사진처럼 지나갔다.[181]

이러한 삶의 재현 경험은 마치 영화를 관람하는 것처럼 관객과 같으면서도 자신이 그 속으로 들어가 현장에서 경험하는 것과 같은 입체적 경험을 한다는 것이 특징이다. 그리고 몇 초 몇 분처럼 짧은 시간인데도 긴 세월 동안의 일들이 모두 다 세밀하게 경험되어진다는 것이 또

<hr>

179   Lommel. Ibid. pp37-38.

180   레이먼드 무디. Ibid. pp96-97.

181   Ibid. pp104-105.

한 특징이라고 한다.[182]

케네스 링 박사의 결론은 이러한 삶의 회향의 경험은 다분히 교훈적 의미가 있다고 한다. 수많은 경험자들은 자신이 살아오면서 한 행동이 타인에게 어떤 정신적인 고통을 주는지를 몰랐지만 삶의 회향을 경험하는 동안에는 생생하게 자신의 행동과 말이 그대로 재현될 뿐만 아니라 그때 상대방이 느꼈던 감정이나 상처, 아픔들이 고스란히 그대로 느껴졌다는 것이다. 이로 인해 죽음에서 살아난 후에는 많은 면에서 새로운 삶을 살게 된다는 것이다.[183]

6. 신비로운 경계를 만나다

제프리 롱 박사의 설문결과 물질적 한계와 비 물질적 한계 사이의 경계를 만났느냐는 질문에 42.1%의 임사체험자들은 그런 경계를 만났었다고 대답했다.[184] 그리고 한 체험자는 이렇게 말했다.

내가 있는 쪽에서는 시간이 느리게 가는 것 같았고 반대 쪽에서는 시간이 빨리 가는 것 같았다. 내 앞에는 음악이 흘러나오는 문이 있었고 사람들은 내가 집에 왔다는 것을 보고 매우 기뻐하고 축하하고 있었다. 그리고 내가 한 번 그 경계를 건너면 다시 돌아올 수 없었다. 그때 나는 다시 돌아올지 아니면 죽음으로 가야 할지를 결정해야 하는 곳에 이르렀다. 2년 전 암으로 사망한 내 친구가 그 곳에 있었는데 그녀는 이 곳은 내가 갈 수 없는 너무나 먼 곳이기 때문에 다시

182   Kenneth Ring. *Lessons from the Light*. (Newburyport. MA. 2024.) pp147-154.

183   Ibid. pp158-161.

184   Jeffrey Long. *God and the After Life*. (New York. Harper One 2016.) p22.

경험자들은 이 경계에 대해 여러가지로 표현을 했다. 회색 안개, 문, 큰 강 또는 바다, 들판을 가로지르는 울타리, 선등.

무디 박사가 면담했던 한 여성은 임신 8개월째에 심한 독성질환으로 출혈 후 심정지로 임사체험을 했다. 그녀는 의식을 잃었고 그다음에는 윙윙거리는 울리는 소리를 들었다고 한다. 그리고 자신이 작은 배에 타고 있고 큰 물을 건너 다른 쪽으로 향하는 것 같았다고 한다. 큰 해안 반대편에는 부모님들과 죽은 여동생, 그리고 사망한 사랑하는 사람들이 있었고 그들은 나에게 오라고 손짓하는 것 같았다고 한다. 그때 나는 아직 때가 아니라고 말했고 그 순간 자신을 치료하는 의료진들의 모습을 볼 수 있었다고 한다.[186] 레이먼드 무디 박사는 그 외에도 이러한 경계를 경험한 몇몇 임사체험 자들의 사례를 들었다.

185   Ibid.

186   Raymond Moody. Ibid. p69.

했다. 실제로는 보이지 않았지만 선이 어디에 있는지 알 수 있었다. [187]

또 다른 체험자는:

심장마비가 왔을 때 검은 공허속에 빠져 있었고, 육체를 두고 왔다는 것을 알았다. 내가 죽는다는 것을 알고 있었고 그때 "하나님 내가 최선을 다해 살았다는 것을 아시지요. 도와주세요." 했다. 즉시 나는 어둠 속에서 옅은 회색을 지나 움직였고 미끄러지듯이 빠르게 움직이며 내 앞에서, 그리고 저 멀리 회색 안개가 보였고 그곳을 향해 달려갔다. 그 안개 너머로 사람들이 보였는데 마치 지구에 있는 사람들과 같았다. 그리고 건물들의 모습이 보였다. 전체가 화려한 빛, 살아 있는 황금색 노란빛 등이 보였다. 안개 속에 있으면서 멋지고 즐거운 느낌이 들었고 사람의 언어로는 그 기쁨을 표현할 수 없었다. 그러나 그때는 안개를 뚫고 지나갈 때가 아니었다. 건너편에서 몇 년 전에 죽은 칼 아저씨가 나타나서 나에게 돌아가라고, 그리고 아직 일이 끝나지 않았다고 했다. 나는 돌아 가고 싶지 않았지만 결국 내 몸으로 돌아왔다. [188]

체험자들이 말하는 이러한 경계는 몇 가지 특징이 있었다. 즉, 시간이 있는 곳과 없는 곳, 그리고 살아 있는 자와 사망한 사람들이 분리되어 있는 곳, 그리고 지구상의 모습과 전혀 다른 풍경의 모습들, 또한 한 번 건너가면 다시 되돌아올 수 없는 경계 등을 뜻하는 곳이었다. 그리고 그곳에서 대부분의 사람들은 스스로든 아니면 타에 의해서 돌아가야 하는 결정을 했다고 한다. 서양의 경험자들은 대부분 이 땅에서

<hr>

187 Ibid. p70.

188 Ibid. p71.

할 일이 남아 있기 때문에 돌아가야 한다는 것을 깨닫거나 얘기를 들었다고 하고, 힌두교나 불교권의 경험자들은 때때로 저승사자가 실수로 잘못 불렀다고 하기도 했다. 그러나 또 다른 경우는 두고 온 자녀들이나 가족들이 걱정되어 스스로 돌아온 경우나, 아니면 왜 그곳에서 몸으로 돌아왔는지 모르는 경우도 있었다.[189]

7. 몸으로 돌아옴

대부분 몸으로 돌아오는 것은 임사체험의 마지막 단계에서 일어나며 제프리 롱 박사의 통계에 의하면 체험자들의 58.5%가 이러한 경험을 했다고 했다.[190]

이 과정에서 때로는 터널을 통해 몸이 빨려 들어가는 큰 힘을 느끼기도 하고 어떤 사람들은 의료진들이 소생 장비를 몸에 놓는 것을 보고 머리를 통해 몸으로 돌아가는 경험을 하기도 하는데 이 경우는 매우 불쾌한 느낌을 받는다. 대부분 몸으로 돌아온 후에는 매우 불쾌한 감정에 휩싸이는데 그 이유는 임사체험 시에 경험했던 아름답고 평안하고 행복하며 즐거웠던 경험과 너무나 대조되는 아픈 몸, 혹은 심하게 손상된 육체로 돌아온 것이 못마땅 하기 때문이었다. 거기다가 자신이 경험했던 황홀한 경험들을 의료진들이나 가족들에게 말했을 때 그들로부터 몸이 정상적이 아닌 상태에서 헛것을 본 것이라든지 정신

---

189   Pim Lommel. Ibid. p39.

190   Jeffrey Long. Ibid. p17.

이 이상해졌다는 취급을 받게 되는 데 대해 실망감이나 불쾌감을 갖게 되기 때문이었다. 심지어 어떤 경험자는 50년 동안 누구에게도 그 경험을 말하지 않았던 사람도 있었다.[191]

내 몸속에 돌아왔을 때는 너무나 끔찍했다. … 그에 비해 내가 경험한 곳은 너무나 아름다워서 다시 오고 싶지 않았다. 나는 그곳에 머물고 싶었지만 다시 돌아왔고 그 순간부터 내 몸 안에서 사는 것이 너무나 힘들었다. 지금은 사람은 마음과 몸은 분리되고 사후에 또 다른 삶이 있다는 것을 확신한다. 나는 그때 천상의 빛 속으로 뛰어들려는 순간 오른쪽 어깨에서 허리까지 등을 붙잡은 가느다란 손을 보았다. 그 큰 손은 나를 단단히 붙잡고 그리고 사랑스럽게 나를 내 몸 속으로 밀어 넣었다. 그리고 내 몸안으로 들어왔고 고통을 느끼며 의사가 내 뺨을 때리는 것을 알았다. 그리고 나는 분노를 느꼈다.[192]

대부분 처음 임사체험자들이 몸을 떠났을 때는 다시 몸으로 돌아 가고픈 생각이 있지만 얼마 지나지 않아 그곳에서의 아름다움과 완벽함과 행복에 젖어 다시 돌아오고 싶지 않게 된다. 특히 빛을 만나거나 빛과 하나가 된 경험을 한 사람들일수록 그러한 느낌을 더 많이 받았다고 한다. 그러나 저항할 수 없는 어떤 힘에 의해서 혹은 남은 자녀나 가족을 염려하는 마음에서 스스로 돌아오기를 결정할 경우도 있었다.

주님께서 저를 돌려보냈습니다. 그곳에 분명히 그분이 계셨습니다. 그리고 왜 그런지 이유는 모르지만 주님은 내가 아직 천국에 들어갈 수 없다고 하셨습니다.

191   Pim Lommel. Ibid. p40.

192   Ibid. pp40-41.

또한 경우는 임종 시 곁에서 기도하던 사람들이 임종에 영향을 주었다는 경험도 있었다.

나는 할머니가 중환으로 입원했을 때 곁을 지키고 있었다. 그리고 나를 비롯해 모든 가족들이 할머니의 회복을 위해 기도하고 있었다. 그때 할머니는 몇 번 호흡을 멈추었다가 다시 깨어나곤 했다. 그리고는 이렇게 말했다. "내가 저 너머까지 가 봤는데 그곳은 너무나 아름다웠어. 나는 그곳에 머물고 싶었지만 너희들이 계속 기도해 그곳에 갈 수가 없어. 제발 더 이상 기도하지 말아 줘." 하셨다. 우리는 기도를 멈추었고 얼마 지나지 않아 할머니는 돌아가셨다.[194]

이와 같은 임사체험은 꼭 순서대로 이루어지는 것도 아니며, 모든 요소가 다 경험되는 것도 아니었다. 경험자마다 각자의 독특한 느낌과 감정, 그리고 이해를 동반한 경험이 이루어졌다고 진술했다. 그리고 그들이 경험한 환경 역시 다양하게, 즉, 도시나 자연의 광경이나 또는 지상에서는 보지 못했던 신비로운 세계를 경험하기도 했었다고 했다.

마지막으로 임사체험 헨드북에 있는 내용을 도표로 정리했다. 이러한 임사체험 혹은 사후의 사실은 기독교뿐 아니라 전세계의 다양한 종교인이 경험하며 그들의 경전에 언급되어 있다.

....

193   Raymon Moody. Ibid. p76.

194   Ibid.

<h2 style="text-align:center">다양한 종교인의 임사체험 내용과 교리 비교</h2>

사후 체험 내용	힌두교	불교	조로아스터
유체이탈		몸 밖으로 나와 자신의 몸과 의료진을 봄.(사자의 서에 있는 내용과 일치)	
빛의 존재		매우 밝고 사랑스러운 빛을 만남.(사자의 서에서는 아미다 부처라 함=자신의 빛)	잘레스키라 불리는 친절하고 사랑스러운 빛의 존재를 만남, 의로운 영혼들이 들어가 만나는 존재(경전)
삶의 회고와 심판	저승에서 타인의 삶에 대한 회고를 관찰했다.		파노라마 인생리뷰, 비라프 책에 의하면 악한 자들이 이 과정에서 고통받고 뉘우친다고 함.
사자와의 만남	고인이 된 가족, 친척, 친구를 만남.		고인이 된 친척을 만남, 그리고 의로운 고인들이 애정과 정중한 탐구 그리고 천국에 오는 탁월함을 얘기했다고 함.
신적존재와 만남	야마 혹은 샤크티 와 같은 신적 존재를 만남.		
신비한 영역		아미다의 깨끗한 땅, 호수, 꽃의 천국이라 불리는 곳을 만남.	
사랑과 평화			
터널 경험			
메신저	얌두트라는 전령의 인도를 받아 저승에 들어감.		
청각, 감각의 고양			
임사체험 후의 변화	생명 존중, 이타적인 봉사, 비폭력 성품(힌두교의 가르침)	세속에서 멀어짐, 타인에 대한 연민, 비폭력적 헌신(부처의 가르침)	

유대교	기독교	이슬람	바하이 1884년 이란에서 Bab에 의해 시작됨
	58%의 NDE기독교인들이 새로운 몸을 경험(그레이슨, 스티븐슨연구)	사람은 죽음의 순간에 영혼이 육체에서 분리된다.(꾸란8:52)	물질적 신체를 넘어 인간은 또다른 현실을 부여받는다. 천상의 신체(압둘바하464)
빛이신 하나님을 만남.(사60:20, 시27:1) "인간은 생전에 하나님의 영광을 볼 수 없지만 죽음의 순간에 그것을 볼 수 있다."(랍비문학)	자신에 대해 모든 것을 알고 있는 빛의 존재를 만남.	알라는 하늘과 땅의 빛이라.(꾸란24:35)	그 신성한 세계는 빛의 세계이다.(압둘바하 226) "바하이"는 빛 또는 영광을 의미한다.
	대부분의 기독교인 NDErs는 자신들의 파노라마식 삶을 회고했다.	부활의 날에 하나님은 천사와 함께 내려와 각 사람의 행위대로 심판한다. (꾸란25:24)	모든 사람은 육체적으로 죽은후 자신의 행동의 가치를 평가하고 손이 겪은 모든 고통을 깨달아 알게 될것이다.(바흘라171)
탈무드에는 죽을 때 사자들을 만난다고 기록되어 있음. "내가 죽으면 오사야가 나를 만나러 올 것이다."	죽은 가족, 친척, 친구를 만남		고인이 된 친척, 친구를 만남.(압둘 바하367)
	때로는 하나님, 예수를 만남. 그리고 사랑과 용서를 경험.	의로운 자는 강이 흐르는, 귀금속으로 된 천국에서 알라를 보는 기쁨으로 산다. (아베리75:22)	
	성경의 천국과 같은 곳을 경험		
말할 수 없는 사랑을 경험함.(잠8:17)	빛속에서 대부분 사랑과 평화, 포용의 경험을 함.		
죽은 자들이 스올에 도달하기 전에 거치는 지구의 낮은 곳으로의 여정을 경험.	터널 혹은 어둠의 공간을 경험		
	인도하는 천사를 만남		
경험 중에 포효하는 소리 혹은 폭음을 들음.(신체에서 떠나는 영혼의 소음·탈무드)	초월적 감각과 지식을 얻음.		
사랑과 용서와 같은 내적 변화를 가져옴.	임사체험후 대부분은 세속적인 것에 멀어지고 사랑, 봉사, 영적 가치에 치중하게 됨.	겸손, 정직, 자선의 삶으로 변화.(꾸란16:90)	지식과 깨달음 중요시, 사랑 강조, 죽음을 두려워 않음, 육의 생명 중요, 이타적 봉사, 평화강조

[The Handbook of Near Death Experiences. Thirty Years of Investigation. Edited by Janice Holden, Bruce Greyson, Debbie James. (Santa Barbara, CA. Praeger. 2009)pp159-183]

대부분의 임사체험 연구가들이 서양인들이며 많은 수의 연구 대상
자들이 서양 사회를 중심으로 진행되었기 때문에 기독교적인 내용이
많았다. 그러나 실제로 그레이슨, 이안 스티븐슨 등의 학자들은 인도
나 이슬람 지역을 직접 방문해 임사체험자들을 만나 면담하기도 했다.

제8장 임사체험에 대한 과학적 접근

　이 단원에서는 임사체험을 단순한 일화로 취급하는 분위기가 만연한 세상에 사는 오늘날의 사람들이 어떤 오해를 하고 있는지를 분명히 하기 위해 먼저 과학에 대한 올바른 정의와 그리고 그를 통해 소위 말하는 일화와 과학과의 관계를 심도 있게 관찰하려 한다. 다시 말해서 오늘날 우리는 과학을 하나의 신앙처럼 받아들이는 시대에 살면서도 정작 과학이 무엇인지에 대한 정확한 개념 정립이 되어 있지 않은 것이 사실이다. 이로 인해서 진실을 추구하는 데 있어서 바른 방법과 방향을 잃고 있는지도 모른다. 그런 의미에서 세계적인 석학들의 명확한 개념을 살펴봄으로써 우리의 잘못된 선입견을 보다 보편적이고 타당성 있는 견해로 먼저 정립할 필요가 있다. 이로서 임사체험에 대해 지금까지 우리가 가지고 있었던 이해가 옳았는지를 살펴보려고 한다.

과학이란 무엇인가?

네덜란드의 과학 철학자 일자 메소(Ilja Maso 1943-2011)는 네덜란드의 라이대학교(Leiden University)와 암스테르담 대학교(University of Amsterdam)에서 철학을 연구하고 과학 철학을 가르친 사람으로 과학에 대하여 말하기를, 과학적 방법론이 모든 질문에 답할 수 있는 만능열쇠가 아니라고 했다. 그는 과학적 탐구가 관찰, 가설, 실험 등의 과정을 통해 진보하지만, 이러한 과정은 종종 편견, 가치, 그리고 사회적 요인에 영향을 받는다고 지적했다. 예를 들어, 과학적 이론을 선택하는 데 있어서, 관찰 데이터뿐만 아니라 과학자들의 철학적 전제나 문화적 배경이 중요한 역할을 한다고 보았다. 그러므로 과학이 단순히 객관적 사실을 발견하는 과정이 아니라, 사회적, 문화적 맥락 속에서 이루어지는 하나의 활동임을 강조했다. 그러면서 그는 현대 과학은 유물론적(Materialistic), 기계론적(Mechanistic), 환원주의적(Reductionistic) 가정에 기반하고 있기 때문에[195] 사회적 분위기에 의해 좌우되며 이는 연구 실적, 경제적 가치, 그리고 인기 여부에 직접적 영향을 받는다는 것이다. 결국 비생산적이며 인기가 없는 연구는 위축될 수밖에 없다는 사실을 지적했다.[196] 이로 인해 임사체험 연구 같은 분야는 결국 과학

---

195   일자 메소가 말한 유물론적이란 모든 정신이나 영혼, 의식은 물질에서 비롯되었다는 가정을 말하며, 기계론적이란 사물에서 인간까지 모든 만물을 유기체적 구조가 아닌 기계와 같은 하나의 조직체로 보는 견해이며, 또한 환원주의적이라는 말은 아무리 복잡한 현상도 세분화함으로써 그 근본을 알 수 있다는 현대 과학적 견해를 의미한다.

196   Pim Lommel. *Consciousness Beyond Life*. (New York. Harper One. 2010.) introduction. xiii.

적 연구 분야에서 도태될 수밖에 없는 것이다. 그러나 진정한 과학은 물질주의적 가설에 국한되지 않고 비록 설명할 수 없지만 새로운 이론의 발견에 열려 있는 포용적 과학이어야 한다는 것이 또한 메소의 주장이다.

롬멜 박사는 그의 책에 미국의 대표적인 심리학자 아브라함 메슬로 (Abraham H Maslow, 1908-1970)의 말을 인용했다.

과학은 현실, 존재하는 모든 것을 인정하고 설명할 의무에 대해 수용적, 포괄적이어야 한다. 과학은 이해하거나 설명할 수 없고 이론이 존재하지 않으며 측정, 예측, 통제 또는 질서가 없는 것 조차도 과학의 관활권 내에서 받아들여야 한다. 과학은 모순과 비논리성, 미스터리, 모호함, 고풍스러움, 무의식 그리고 소통하기 어려운 존재의 다른 모든 측면들에 대해서도 완전히 열려 있어야 하고 아무것도 배제하지 않아야 한다. 라고 했다.[197]

미국의 과학 철학자 토마스 쿤(Thomas Kuhn) 역시 *대부분의 과학자들이 여전히 일상적으로 받아들여지는 물질주의 패러다임 내에서 이론과 사실을 조화시키려고 노력하고 있다고 했다. 지배적인 세계관(물질주의)으로 설명할 수 없는 모든 연구 결과는 기존하는 패러다임을 위협하는 것이기 때문에 이상하다고 딱지가 붙여 진다*[198]고 했다. 이런 면에서 오늘날과 같은 과학의 시대에 임사체험과 같은 연구는 우스개거리나 소롱당하기에 좋은 분야임은 분명하다. 그러나 앞에서 일련의 세계적인 석학들이 말한 대로

197 Ibid. xiii-xiv.

198 Ibid. T.S. Kuhn. *The Structure of Scientific Revolutions*. (Chicago. IL. University of Chicago Press. 1962.)

진정한 과학은 물질주의적인 고정관념에 사로잡혀 있는 현대인들, 특히 과학자들이 거듭나는(Regeneration) 경험을 하지 않으면 참된 현실과 사실을 찾는데 실패하고 말 것이다.

이에 대해 부루스 그레이슨 박사는 마크 리어리(Mark Leary)의 말을 인용했다.

과학은 연구하는 주제보다는 그 주제를 연구하는 방법으로 규정된다. … 어떤 현상이 진짜라고 믿지 않는 사람들이 있다고 해서 그 현상에 대한 연구가 사이비과학이 되지 않는다. 다양한 질문, 심지어 결국 존재하지 않는다고 밝혀지는 질문까지 과학을 이용해 탐구할 수 있다. 사실 어떤 현상이 진짜이고 진짜가 아닌지 실증적으로 보여 주는 게 과학의 중요한 기능 중 하나다. … 그래서 시험 중인 가설에 근거가 없다는 이유로 특정 주제에 관한 연구가 과학적이지 않다고 미리 주장하는 것은 말이 되지 않는다.[199]라고 했다.

이어서 그레이슨은 다음의 예를 든다. 전 세계에서 수많은 운석이 하늘에서 떨어졌다는 증거들이 있었지만 19세기까지는 대부분의 과학자들이 그 증거가 희박하다는 이유로 연구 가치가 없다고 생각했다. 그러나 그 이후 과학적 측정 기술이 발달해 오늘까지 수많은 연구들이 진행되고 있다.

또한 눈으로 식별할 수 없는 전염병에 대해 추측만 했지 실제 과학적 연구가 없었고 20세기 초만 해도 세균이라는 개념을 비웃었다고 한

199   Bruce Grayson. Ibid. pp90–91. Mark Leary. *Why are Scientists so Opposed to Parapsychology?* Explore7. 2011. pp275-277.

다. 한 예로 1980년대까지만 해도 위궤양을 일으키는 박테리아를 찾는 것은 시간 낭비라고 생각했지만 2005년 베리 마셜(Barry Marshall)과 로빈 웨렌(Robin Warren)은 위장병을 일으키는 헬리코박터균을 찾아내어 노벨상을 받았다.[200]

과학적 연구란 대부분 정보를 모으되 실험군과 대조군으로 나누어 비교·평가함으로써 가설이 사실인지를 증명하는 순서로 진행을 한다. 무작위의 대조군을 비교함으로써 명백히 그 결과가 나타나기 때문이다. 그러나 모든 문제를 그런 방법으로 연구할 수는 없다. 이에 그레이슨 박사는 재미있는 비유를 인용했다. 즉 영국의 저명한 의학 잡지인 「British Medical Journal」에 실렸던 얘기였다. 비행기에서 뛰어내리는 사람이 낙하산 때문에 목숨을 구할 수 있는지 아닌지를 조사해 보기 위해서 무작위로 낙하산을 매고 뛰어내리는 사람과 그렇지 않은 사람을 실제로 현장에 투입해서 실험한 사례는 역사 이래로 한 번도 없었다고 했다. 그리고 낙하산이 생명을 구하는 데 성공적인 발명품이 확실하다는 결론은 실험에 의해서가 아니라 일화에 근거해서 내린 결론이라는 것이다.[201]

이 비유는 바로 임사체험이 과학적 근거가 없는 일화일 뿐이라고 일소하는 사람들의 주장을 반박하는 적절한 비유인 것이다.

---

200   Ibid.

201   Ibid. pp106-108. / Gordon C.S. Smith & Jill P. Pell. *Parashute Use to Prevent Death and Major Trauma Related to Gravitational Challenge; Systematic Review on Random missed Controlled Trials.* BMJ 327(7429). 2003. 1459-61.

임사체험과 과학

이러한 맥락에서 임사체험연구는 지금까지 이해해 왔던 뇌작용에 대한 전통적인 해석과 부합하지 않는다는 이유로 도외시되어 왔었고 또한 지금도 일부의 전문가들조차도 그렇게 생각하고 있는 것이 사실이다. 그러나 지금은 의학기술의 발달로 신경과학자들은 뇌가 제 기능을 하지 않는 상태에서도 의식이 지속되고 임사체험과 같은 생생한 현실을 경험할 수 있다는 사실을 인정하게 되었다.[202] 즉 수백 년 동안 의학자들은 물질적인 뇌의 산물로 비물질적인 정신이 생겨 난다고 믿어 왔지만 지금에 와서는 그러한 이론이 수정되어야 하는 단계에 왔다는 것이다.

많은 사람들은 임사체험과 같은 현상을 극히 개인적이고 주관적인 경험이라는 이유로 과학적 접근이 불가능하며 객관적인 실증을 얻을 수 없다고 주장한다. 그러나 임사체험을 연구한 학자들은 철저하게 현대 과학적 방법론을 도입해 임사체험을 연구하고 있다.

예를 들면, 전 세계 수많은 인종, 종교, 문화를 초월해서 임사체험 자들의 사례들을 수집하고 유형별로 분류하고 그 체험을 심도별로 분류하고 그리고 또한 체험자들을 성별, 나이별, 그리고 종교별로 분류해서 통계를 만들었다. 그리고 그 통계를 근거로 비교 분석을 했다. 이에 드러난 증거들은 앞으로 구체적으로 그 내용을 기술하겠지만 간단히

---

202 *The Handbook of Near -Death Experiences.* Ibid. pp15-16.

예를 들면, 많은 경우에 임사체험 자들의 경험 내용에는 자신들의 종교와 문화와 세계관과 전혀 상반되는 내용들이 있었다는 것을 발견했다. 이는 명확히 임사체험은 개인들의 무의식 상태가 특정한 신체적 조건과 상황에서 자작으로 반영되는 현상이라고 쉽게 단정짓는 의견에 대해 그렇지 않음을 보여 주는 하나의 실례이다.[203]

또 다른 면에서 임사체험을 주관적이며 개인적인 경험으로 치부할 수 없는 증거 중 하나는 수많은 체험자들의 증언은 현실에서 증명이 된다는 사실이다.

예를 들면 그레이슨 박사는 처음에 응급실에 의식을 잃고 누워 있던 환자가 깨어난 후 다른 방에 있던 자신의 넥타이에 저녁을 먹을 때 스파게티 소스를 흘린 자국을 알아봤다는 것을 증언했다. 유체이탈을 한 임사체험자가 응급실에서 죽어 있던 자신의 시신에 어떤 시술을 했으며, 의료진들이 어떤 대화를 주고받았는지, 그리고 응급실 탁자 위에 있던 물건을 정확하게 말하는 등의 증언들은 충분한 객관적이고 과학적인 증거가 되는 것이다. 임사체험 연구자 젠 홀튼(Jan Holden)은 그의 연구에서 유체이탈 중 보았던 것이 확인된 경우가 92% 였고, 어느 정도 틀린 경우는 6%, 그리고 완전히 틀린 경우는 1%밖에 되지 않았다고 했다.[204]

이러한 실증들은 물론 임사체험 연구자들에게는 일상적인 일들이었

---

203   Grayson. Ibid. pp91-93.

204   Grayson. Ibid. Eliizabeth Hall. *The Sufi Tradition: Interview with Idries Shah.* (Psychology Today, Jul 1975.)

고 실제적으로 임사체험 연구는 단순히 체험자들의 얘기를 듣고 정리하는 것이 아니라 보다 객관적이고 사실적인 확인을 위해 수많은 과학적 방법론을 적용했다. 그레이슨 박사가 실행했던 과정을 그는 이렇게 묘사했다.

내 파일에는 수천건의 임사체험 사례들이 있으며 그중에는 수없이 유사한 체험들이 반복해서 일어났던 것을 기억한다 이러한 개인적인 얘기들은 과학적 가설의 원천이 된다. 이러한 연구는 이야기의 유형이 분명히 드러날 때까지 일화를 수집하고, 확인하고, 비교하면서 시작된다. 이야기의 수집된 자료도 엄밀하게 조사하기만 하면 의학 연구에서 어마어마한 가치가 있다. 예를 들어 에이즈나 라임병의 발견과 약물 효과 발견에는 그런 이야기 수집이 결정적인 역할을 했다. 정치 철학자 레이먼드 울핑거(Raymond Wolfinger)는 50년 전에 일화의 복수형은 자료다.[205]라고 했다.

과학자들은 비물질적인 요소들에 대해서도 물리 세계의 물건처럼 관찰하고 자료를 모을 수 있다고 생각했다. 사랑, 분노, 두려움 같은 감정을 직접 과학기기로 관찰할 수는 없지만 그런 감정이 말과 행동, 신체 반응에 어떤 영향을 주는지를 관찰함으로써 간접적으로 연구하고 있다는 것이다.

이와 같이 물리학자들 역시 너무 작고 금방 사라지는 아원자 입자들을 직접 관찰할 수는 없지만 그 결과를 관찰하므로 아원자의 세계를 증명할 수 있게 된 것이다. 물리학자 도널드 그레스(Donald Glaser)는

205　Greyson. Ibid. pp60-61.

볼 수 없는 아원자 입자들을 간접적으로 연구해서 1960년에 노벨 물리학 상을 받았다. 그는 액체를 가득 채운 상자에 아원자 입자들을 쏘아서 그 입자가 남긴 거품 자국을 보여 줌으로써 아원자의 활동을 증명했다.[206] 오늘날 대부분의 양자역학이나 아원자 연구역시 이러한 간접적인 방법으로 그 증거를 확인하는 연구이다.

이런 얘기는 결국 임사체험과 같은 영역의 연구도 그 현상이나 현장을 인위적으로 볼 수도 없고 측정할 수도 없지만 그 결과를 가지고 연구하여 그 사실을 증명하고 확인할 수 있다는 사실이다.

이러한 관점에서 임사체험 연구가 본격적으로 시작된 1975년부터 1980년 5년 동안 「Journal of Near Death Studies」와 그 외의 학술지를 통해 많은 논문들이 기제되었고 1991-1995년 기간 동안에는 가장 많은 논문들이 의학지나 다른 학술지에 기재되었다. 대부분의 연구 논문 기고자들은 정신과 의사, 심리학자, 철학자, 보건학자, 카운셀러, 심장 전문의와 기타 의료 전문가들이었다. 다음의 도표에서 기제된 학술지의 횟수와 연구자 그리고 그들의 직업 분포를 볼 수 있다.[207]

---

206   Ibid. pp14-26.

207   *The Hand Book of NDE*. Ibid. p7.

2005년까지 임사체험을 다룬 학술 논문의 단독저자와 제1저자 상위 22명(논문 수와 최신 논문 순위)

순위	논문 수	저자 이름	최근 연도	최신논문 순위	저자의 직업
1	37	Greyson, Bruce	2005	1	교수, 정신과 의사
2	25	Ring, Kenneth	1997	11	사회심리학자(은퇴)
3	16	Laudahl, Craig	2001	7	교수, 사회학자, 사업가(은퇴)
4	14	Noyes, Russell	1989	20	교수, 정신과 의사
5	14	Serdahely, William	1996	14	체플린
6	11	Sabom, Michael	2005	1	심장의사
7	10	Beeker, Carl	1995	15	철학교수
8	10	Kellehear, Allan	1994	17	사회학 교수, 보건학자
9	9	Blackmore, Susan	1998	10	심리학 교수, 프리렌스 저자(은퇴)
10	9	Green, F. Gordon	2003	6	개인 연구자
11	9	Grosso, Michael	2001	7	철학교수(은퇴)
12	9	Holden, Janice	2005	1	상담학 교수
13	8	Morse, Melvin	1997	11	소아과 의사
14	8	Stevenson, Ian	1995	15	정신과 교수(작고)
15	7	Rogo, D. Scott	1984	20	강사, 프리렌스 저자(작고)
16	6	Jansen, Karl	2000	9	정신과 의사
17	6	Twemlow, Stuart	1997	11	정신과 의사
18	5	Gabbard, Glen	1991	19	정신과 병동디렉터
19	5	Gibbs, John	2005	1	발달 심리학 교수
20	5	Hyslop, James H	1918	22	철학교수(작고)
21	5	Irwin, Harvey	1993	18	심리학 교수(은퇴)
22	5	Wren-Lewis, John	2005	1	심리학교수(작고)

이와 같은 학자들의 임사체험에 대한 과학적인 분석과 연구는 1970
년대 중반부터 50여 년 동안 이어 오면서, 가장 획기적인 성과는 인간
의 뇌 기능과 의식은 분리되어 연구해야 한다는 사실을 입증한 것이었
다. 이는 전통적인 신경의학의 견해와 정면으로 충돌하는 결론을 만들
어 낸 것이다. 이는 다른 말로는 인간은 육체의 죽음 이후에도 의식과
같은 일부 존재가 계속해서 생존한다는 가능성을 제시해 준 것이다.
이러한 주장은 깊은 학문적 연구 외에도 단순히, 고인의 환영이 나타
나는 경우, 영매자를 통해 고인과 소통을 할 수 있다는 사실, 그리고
어떤 어린 아이는 전생에 대한 기억을 말하기도 했고, 그 후 사실이 입
증된 경우도 있다. 이러한 얘기들은 그냥 단순히 전해져 오는 얘기가
아닌 연구자들에 의해 실증되고 확인된 경우가 많다.[208]

임사체험과 문화, 종교, 연령과의 관계

일부 연구 결과에서는 체험자들의 종교적, 개인적 신념이 체험의 내
용에 일부 반영되기도 했다. 즉 예를 들면 체험 중에 죽은자들을 만나
는데 서양인 중 체험자들은 사랑하는 사람 혹은 모르는 사람이라 했
고, 인도인들 중에는 죽음의 사자를 만났다고 했다. 그리고 다시 몸으
로 돌아올 때 서양인 체험자는 할 일이 남아 있기에 하나님이 돌려보
냈다고 했고, 인도인들의 경우 죽음의 사자가 실수로 잘못 데려가서

---

208   *Handbook of NDE.* Ibid. pp15-16.

다시 돌려보낸다고 진술했다. 그러나 그들이 체험 중에 누군가를 만났다는 사실, 그리고 어떤 이유로든 다시 몸으로 돌아온 사실 등 그 정황상의 내용은 일치했다는 것이 중요하다.

그리고 때로는 그들의 종교적, 문화적인 배경과는 상관없는 일률적인 체험을 하는 경우도 있었다. 특이한 것은 죽음의 개념이 적은 어린이들의 임사체험 내용과 성인들의 임사체험 내용이 같았다는 사실은 그 내용을 자신의 지식이나 상상으로 자작했을 가능성이 낮다는 것을 말해 준다고 할 수 있다.[209]

임사체험과 의학적 견해

임사체험 연구에서 의학적으로 가장 큰 화두는 뇌작용과 신경학적 작용의 결과로 임사체험이 일어날 수 있는가 하는 연구이다. 앞에서 잠깐 언급한 것과 같이 생명을 위협받는 순간에 엔도르핀(endorphins)이나 다른 오피오이드(endogenous opioids)가 과다 방출되어 임사체험과 같은 현상을 경험할 수도 있다는 견해이다. 그러나 엔도르핀을 환자에게 주입했을 경우 무의식이나 의식의 상태든지 그 효과는 몇 시간 정도 지속되다가 중단되며, 무통증, 평화로운 느낌, 기쁨 같은 느낌은 있지만 임사체험 자들이 증언하는 것처럼 유체이탈이나, 사망한 사랑하는 사람들을 만난다든지, 전체 삶의 파노라마식 재현, 자신이 초

209　Edward F. Kelly etc. *Irreducible Mind*. Ibid. pp374-375.

자연적인 상태로 변형되는 경험과 같은 것은 없었다고 한다. [210]

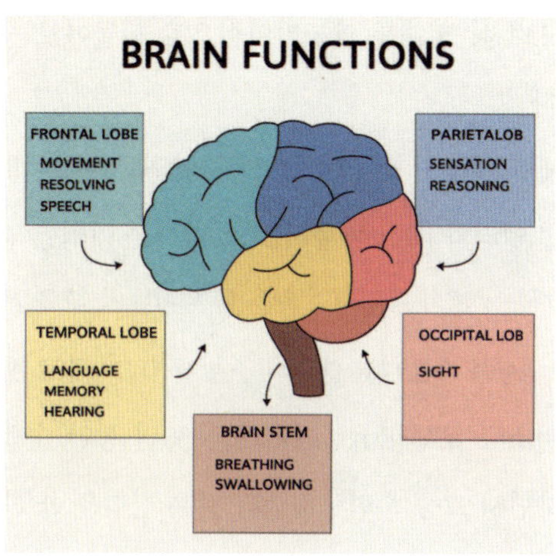

또한 저산소증이나 심한 스트레스 상태에서 뇌의 측두엽(temporal lobe, 側頭葉)[211]의 기능장애, 혹은 지나친 활성화로 이러한 임사체험과 같은 경험을 할 수 있다는 주장을 확인하기 위해 다양한 실험을 했다. 즉 전기로 측두엽(Temporal Lobe)을 자극했을 때 피험자는 맑고 생생한 환각 경험보다는 비정상적인 패턴의 경험을 했다고 한다. 간질 발작 증상을 보인다든지 기괴한 환상을 경험했다. 그리고 그러한 기억들이나 환영들은 난편석이고 짧은 기억이었다. 그리고 알 수 없는 음율이나 기억할 수 없는 여러가지 이미지들이 반복되었고 부정적 이미지,

---

210   *Irreducible Mind.* Ibid. p380.

211   측두엽은 대뇌의 양쪽에 위치하며, 청각정보처리, 언어이해, 기억과 감정, 시각적 물체인식, 냄새와 맛을 주관하는 중요한 부분이다.

두려움이 있었다고 한다. 그러나 임사체험의 경우는 뇌기능과 같은 신체적인 기능이 저하되었을 때, 오히려 정신 활동이 더 강화되었고 더욱 명료해졌으며 삶 전체를 파노라마식으로 되돌아보는 생생한 경험을 했다고 했다.[212]

또한 임사체험 연구의 선구자 중 한 사람인 스위스 태생 미국의 정신과 의사였던 엘리자 베스 퀴블러 로스 박사는 이러한 임사체험은,

뇌가 활동한다는 신호가 측정되지 않을 때 일어나며, 의사들이 생명의 어떠한 징후도 전혀 찾아볼 수 없다고 할 때 자주 발생한다.[213]라고 했다.

신경학자 언스트 로딘(Ernst Rodin)은 30년 동안 수백명의 측두엽 환자를 치료하면서 그중에 임사체험과 같은 경험을 한 환자는 한 사람도 없었다고 증언했다.[214] 무엇보다 약물이나 측두엽의 자극에 의해 혹시 일어나는 환각이라도 임사체험의 것과는 그 내용이 너무나 다르다는 것을 실험자들은 증언했다. 임사체험의 경우 감각, 이미지, 소리, 느낌 모든 의식이 현실보다도 더 현실과 같다고 증언했고, 놀라운 사실은 뇌 기능이 약해졌거나 완전히 뇌기능이 멈추었을 때 임사체험은 더 강하게 일어났다는 것이다. 이에 대해 연구자들은 말하기를 뇌기능 저하는 사람의 마음과 의식의 확장을 일으키며 인간의 뇌는 현실과 부합하지 않는 지식과 의식들을 차단시키는 기능을 한다고 주장한다.[215]

....

212 *Irreducible Mind.* Ibid. p386.

213 엘리자 베스 퀴블러 로스. Ibid. p85.

214 *Irreducible Mind.* Ibid. pp382-383.

215 Ibid. p385.

이로 인해 임사체험을 한 사람의 81%는 유체이탈의 경험을, 그리고 82%는 자신들이 죽은 후에 반드시 생존할 것이라는 확신을 한다고 고백했다.[216]

임사체험과 뇌와의 관계에 대해서 영국의 신경정신과 의사인 피터 펜윅 박사(Peter Fenwick)의 의견은 또 다른 관점을 제시하고 있다. 펜윅 박사와 그의 아내는 350건의 임사체험자들을 면담하고 「빛 속의 진리」(The Truth in the Light)라는 책을 출간했다. 그는 책을 통해 임사체험은 결코 뇌 자체에서 생성되는 것이 아니고 외부에서 오는 것이라고 밖에 볼 수 없다고 했다. 즉 뇌는 엄청나게 복잡한 어떤 면에서는 무질서한 구조로 되어 있고 특히 임사체험자들의 체험 당시 상황은 의학적으로 죽음에 이른 상태로, 뇌의 손상이나 무기력한 상태의 혼란스러운 상황에서 발생하는데, 그럼에도 수많은 체험자들은 일정하고 고도로 구조화된 경험을 하는 이유는 뇌 과학적으로는 그 해답을 얻을 수 없다는 것이다. 그러므로 뇌에는 이러한 외부에서 오는 정보를 받는 일정한 매개체가 존재하든지, 그리고 뇌와는 관계가 없는 마음이라는 실체에서 모든 것이 온다고 밖에 볼 수 없다고 했다. 그리고 뇌는 의식을 전달하지만 생성하는 것은 아니라고 했다. 뇌가 외부의 정보를 전달하는 과정에서 저장을 하거나 수정을 하지만 더 많은 정보는 뇌의 외부에서 오는 것이라고 했다.[217] 그러므로 펜윅 박사는 뇌에 저장되는

---

216   Ibid.

217   Larry Dossey. *One Mind*. Ibid. pp38-84; Peter Fenwick and Elizabeth Fenwick. *The Truth In the Light*. (New York. Berkley. 1997.)

정보는 일부이며 더 많은 정보들은 뇌의 외부에 있으며 이러한 외부의 의식과 마음은 육체적 죽음과는 상관없이 존재한다고 했다. 다만 문제는 이러한 외부의 저장 실체를 증명할 길이 없다는 것이다.[218]

　이처럼 현대의학중 특히 뇌를 연구하는 신경과학에서도 사람의 의식과 뇌와의 관계를 정확히 증명하지 못하고 있으며, 오히려 현대의 물질 중심적 과학이 도외시하는 임사체험 연구가 더 실증적 실험과 수많은 데이터를 통해 사람의 진정한 의식, 마음은 뇌가 아닌 뇌의 외부가 근원이라는 사실을 증명하고 있다. 그러므로 임사체험 연구는 더 이상 일화를 다루는 영역이 아니라 과학의 모든 규범을 충족시키고도 남는 실증적 학문임을 이제는 인정해야 할 때가 된 것이다.

218　Ibid. pp84-85.

제9장

임사체험은 믿을 수 있는가?

임사체험자들이 사후에 경험했다고 하는 이야기들을 언제나 있는 그대로 다 받아들일 수는 없다. 그럼에도 전 세계 사람들이 문화적인 신념과 종교도 다르고 죽음 이후에 대한 개념이나 기대도 다르며 그들의 세계관이나 가치관이 천차만별임에도 불구하고 그들의 경험들이 일정한 패턴을 유지하고 있다는 것은 우리가 진지하게 받아들여야 한다.[219]

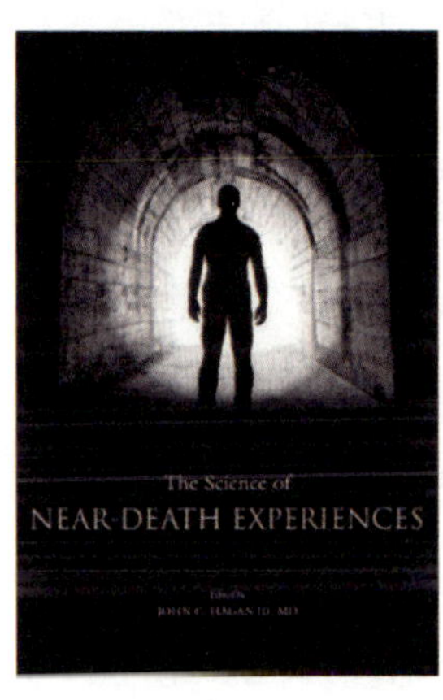

John Hagan 박사가 수많은 임사체험자들에 대해 올바른 돌봄을 제공하기 위한 목적으로 의사들을 중심으로 연구한 단편 논문들을 모아 편집 출간한 책

미국 켄사스에 있는 중서부 안과대학병원의 John C. Hagan 박사는 140편이 넘는 의료과학 분야의 논문을 집필했고, 미주리 주 의료협회지의 편집장으로 일

---

219 Bruce Greyson. *After*. (New York. ST. Martines Essential. 2021.) p150.

하고 있다. 그는 말하기를, 적어도 미국 안에서만 9백만에서 2천만 명이 넘는 임사체험자들이 있으며 이들에 대한 합당한 의료진들의 돌봄이 필요하다고 했다.

이러한 목적으로, 그는 지난 2017년에 「The Science of Near-Death Experiences」(임사체험의 과학)이라는 책을 출간했다. 그가 선별해서 수록한 13편의 논문들은 대부분 의사들이 쓴 것들이다. 그가 원고를 청탁한 대상들을 선별함에 있어 가장 중점을 두었던 점은, **첫째**, 임사체험 분야에서 존경받는 의사나 증거 기반을 가진 과학자들. **둘째**, 임사체험을 직접 경험한 의사를 선정했는데 그 이유는 인간의 생리적 해석에 대한 직접적인 이해를 가진 사람들이 의사들이며 그들의 과학적 배경이 논문에 대한 신뢰성을 부여하기 때문이었다고 했다.[220]

이러한 의사들을 중심으로 한 임사체험 연구는 여러 각도에서 연구가들이 나름대로 그 신빙성을 높이기 위해 많은 방법들이 동원되었다. 한 예로, 미국 텍사스 오스틴의 텍사스 대학교 심리학 교수인 젠 홀든(Jan Hoden)은 지난 30년 동안 600명 이상의 임사체험자들을 대상으로 연구 분석하여, 과연 임사체험이 얼마나 믿을 수 있는가를 다양한 방법으로 연구했다. 예를 들면, 그는 유체이탈 중에 경험한 내용을 중심으로 93가지 목록을 만들었고, 그중에 그들이 유체 이탈 중에 보았다고 하는 것을 실제로 확인해 보았다. 그 결과 그들의 본 내용과 실제

----

220   John C. Hagan III. *The Science of Near Death Experiences*. (Columbia Missouri. University of Missouri Press. 2017.) pp 3-5.

가 일치하는 경우는 93% 였고 어느 정도 틀린 경우는 6%, 그리고 완전히 틀린 경우는 1%였다고 했다.[221]

이와 같이 1975년 레이먼드 무디 박사로부터 시작된 직접적인 임사체험 연구는 지난 50여 년 동안 수많은 자료와 다양한 방법의 연구로 현재는 방대한 데이터가 축적되어 있고 그 실체에 대해 충분한 결과를 만들어 내고 있다고 할 수 있다.

임사체험은 악한 영의 장난인가?

여기서 한 가지 대두되는 문제는 다양한 종교적인 배경을 가진 사람들이 임사체험의 내용과 연구 결과에 보이는 반응이다. 어떤 면에서 임사체험의 내용들은 형이상학적이고 신비적인 요소로 인해 힌두교나 불교, 그리고 신비 종교나 심령학적 관점에서는 수용하기가 한결 쉬울 수도 있을 것으로 보인다. 그러나 기독교적인 관점에서는 일부분의 내용은 교리적으로 서로 충돌하는 면들이 있는 것이 사실이다. 앞에서 잠깐 언급한 대로, 일부 임사체험의 내용은 기독교의 구원관에 정면으로 대립된다. 예를 들면, 예수그리스도를 믿든 믿지 않든 또 신앙인이든 무신론자든, 관계없이 그들이 하나님과 같은 존재 혹은 예수와 같은 존재를 만났으며, 천국과 같은 곳에 갔다는 것과 같은 내용이 그렇다. 그 중에 가장 기독교의 교리와 정면으로 대립되는 내용은 지

221   Bruce Greyson. Ibid. p93.

옥에 갔던 사람이 그곳에서 하나님께 부르짖었을 때에 그들을 지옥으로부터 구출해 주셨다는 내용이다.[222] 이러한 내용들은 성경을 중심으로 교리를 세우고 믿는 전통적인 기독교에서는 도저히 받아들일 수 없는 내용임이 분명하다.

이에 관해 임사체험 연구의 선구자인 레이먼드 무디 박사는 자신의 경험을 얘기했다.

그가 임사체험을 본격적으로 연구하면서 의과대학에서 강의를 할 때나 많은 대중 앞에서 강의를 할 때 청중에서 여러가지 질문과 대화가 오가는 중에 자주 등장하는 예기는 임사체험은 악한 영, 사탄이 우리를 혼란시키기 위해 일으키는 현상이라고 주장하는 사람들이 있었다는 것이다. 그때 무디 박사가 대답한 내용을 우리는 주목할 필요가 있다. 무디 박사는 사탄의 목표는 사람의 영혼을 파괴하고, 절망과 죽음, 그리고 증오와 미움을 일으키는 결과를 만들어 내는 것이 목적인데, 대부분의 임사체험자들은 체험 당시에 지극한 하나님의 사랑 내지는 신적인 위로를 경험하고 평안과 행복을 경험했다. 그리고 그들이 회생한 후에는 전과는 전혀 다른 긍정적이고 보다 이타적으로 변했으며, 심지어 자살을 시도했던 사람들은 오히려 삶을 더 소중하게 생각하면서 비관적이고 절망적인 환경에 있는 사람들을 도와주는 적극적인 태도로 바뀌었다는 것이다. 그뿐 아니라 기독교인들은 더욱더 신앙에 전념하는 삶으로 바뀌었다. 이러한 결과로 볼 때 사탄과 같은 악한

222　Ibid. pp144-145.

영에 의한 현상이라고 매도할 수 없다고 했다.[223]

이러한 무디 박사의 의견은 성경의 말씀과 일맥을 이룬다고 생각한다. 예수께서도 눅6:44에 *나무는 각각 그 열매로 아나니 가시나무에서 무화과를, 또는 찔레에서 포도를 따지 못하느니라*고 말씀하시면서 우리가 확인할 수 없는 영역의 일들을 판단할 때는 그 결과를 보면 알 수 있다는 말씀을 하셨다.

임사체험은 약물의 부작용인가?

앞에서 일부 언급했듯이, 일부에서는 임사체험은 약물의 부작용으로 일어나는 현상이라고 하는 주장이 있다. 즉 생사의 갈림길에 섰을 때 치료를 위해 투여하는 약물이 임사체험을 일으킨다고 일부에서는 주장하고 있다. 예를 들면 케타민(Ketamine: Cyclohexanone)은 정맥주사로 투여되는 마취제로 어떤 면에서는 임사체험과 유사한 부작용을 일으키기도 한다고 한다. 이 약은 때로, 환자가 통증이 완화되면서 팔과 다리 등 자신의 신체 부위나 환경과 분리되는 느낌을 받는다는 것이다.[224]

그러나 이에 대해 무디박사는 실제 약물 부작용으로 환상이나 유체이탈 비슷한 경험을 한 환자들을 면담한 후 임사체험과 비교한 결과,

223 Raymond Moody. *Lift After Life*. (New York. Harper One. 2015.) p148.

224 Raymond Moody. Ibid. p149.

약물 부작용으로 일어난 경험은 임사체험만큼 현실적이지 않고 모호한 경험이었으며 구체적이지 않았다는 점, 그리고 임사체험처럼 일률적이지 않았고 경험자마다 전혀 다른 내용이 대부분이었다고 했다.[225]

그리고 가장 분명한 것은 임사체험자들은 대부분 약물을 투여하지 않은 상태에서, 예를 들면 사고사와 같은 환경에서 경험했다는 것이며, 설령 투여해도 그 약종류가 그런 환각을 일으키지 않는 엄청나게 다양한 약이 투여된다는 것이다(아스피린, 항생제, 아드레날린 홀몬제, 국소마취와 흡입 마취제 등). 오히려 무디 박사가 만났던 한 여성은 몇 년 간격으로 두번의 임사체험을 경험했는데, 첫 번째 임사체험은 선명하지 않았는데 그 이유는 마취 상태였기 때문이라고 했다는 것이다.[226]

신경학적, 혹은 심리적 원인설

일부에서는 신체적, 정신적 이상 현상으로 이러한 임사체험을 유발한다는 주장, 또는 임종 환영(Deathbed Visions), 자각몽(Lucid Dreams) 등에 의해 이러한 현상이 유발될 수 있다는 주장이 있다.

한 예를 들면, 극적인 죽음에 대한 위협의 상황에서 자신의 생명에 대한 방어적 수단으로 무의식 세계에서 일으키는 상상력일 수도 있다

225   Ibid. p149-150.

226   Ibid. p151.

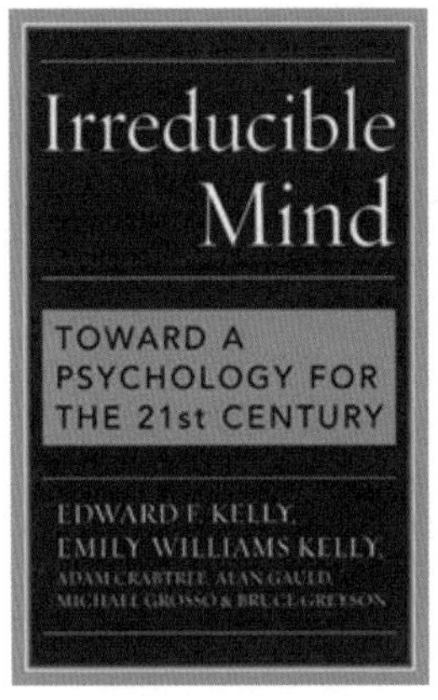

는 주장, 혹은 낙상 사고나 급작한 사고를 당했을 때 일시적으로 저산소증 중에 일어나는 환각일 수도 있다는 주장이 있다. 실제로 낙상사고 시 혹은 심정지 상태에서 일시적으로 유체 이탈과 같은 경험이나 환영이 보이는 경우가 있다고 한다. 그러나 임사체험의 경우, **첫째**, 생전에 자신의 종교적 경험이나 죽음에 대한 개념, 신념 등과 전혀 다르게 일괄적인 임사체험을 한다는 것. **둘째**, 임사체험에 대한 지식이 전혀 없는 사람이 전형적인 임사체험을 한다는 것. **셋째**, 죽음에 대한 개념이 전혀 없는 어린이도 성인과 같은 임사체험을 한다는 것. **넷째**, 정신적 불안상태나 저산소증, 일시적 심정지 상태에서 경험하는 유체이탈이나 환영의 경우는 대부분 무섭거나 불쾌한 경험들이 대부분이며, 임사체험처럼 명료하게 평화, 사랑, 포용, 그리고 아름다운 풍경이나 환경의 경험은 없는 것이 특징이라는 것이다.[227]

---

227 Ibid. pp152-153. 이주제에 관해서는 가장 방대한 연구자료와 데이터를 수록하고 있는 Edward F. Kelly, Emily Wiliams Kelly, *Irreducible Mind, Toward a Psychology for The 21st Century*. (Lanham Maryland. Rowman & Littlefield Publishers. Inc.2007) pp367-421를 참고하기 바란다. 2007년 미국 버지니아 의과대학 인지과학 연구소에서 출간한 인간의 의식연구에 대한 가장 깊이 있는 연구서로 800페이지에 달하는 방대한 자료를 수록하고 있다. 이 책에는 인간의 인지와 의식에 대한 신경학적, 심리학적, 다양한 의학적 연구와 임사체험의 과학적, 의학적으로 분석한 깊이 있는 내용을 수록하고 있다.

임사체험자들의 극적인 변화의 증거들

임사체험이 사실이라는 증거로 가장 유력한 이유는 체험자들이 경험 후에 그들의 삶에 있어서 급격한 변화를 가져왔다는 사실에 있다. 임사체험을 한 사람들은 그 어떤 이유로 삶에 변화를 겪는 것보다 더 가장 크게 그리고 급격히 변화를 일으켰다는 것이다.

1. 죽음과 내세에 대한 이해의 변화

네덜란드 심장외과 의사인 핌롬멜 박사의 연구에 의하면 임사체험을 한 사람들은 체험 후에 그들이 죽음에 대한 두려움이 없어졌고, 내세에 대한 믿음이 증가했다는 것을 여러 다른 연구자들의 자료를 인용해 증거하고 있다. 롬멜 박사가 인용한 여러 연구 자료를 종합해 보면, 임사체험 전에는 설문자의 16%-37%의 사람들이 종교적 신념 혹은 다양한 이유로, 죽음에 대한 두려움이 없었다고 응답했는데, 임사체험 후에는 죽음에 대해 두렵지 않다고 응답한 사람이 98%-100%였다고 했다. 그리고 임사체험 전에는 내세가 있다고 믿었던 사람들이 24%-38%였던 것이 임사체험 후에는 76%-100%로 증가했다고 했다.[228]

그레이슨 박사 역시 그가 임사체험을 연구하면서 얻은 가장 확실한 결론은 임사체험자들은 한결같이 죽음에 대한 태도가 바뀌었다는 것

......

228 Pim van Lommel. *Consciousness Beyond Life*. (New York. Harper One. 2007.) p55. 롬멜 박사의 책에는 보다 상세히 연구자와 데이터가 수록되어 있다. 본서에는 대략적으로 요약해서 인용했기 때문에 다양한 %가 기록된 것이다.

이다. 즉, 자신의 연구에 참여했던 임사체험자들의 86%가 확실히 임사체험 후 죽음에 대한 두려움이 현저히 줄어들었다고 대답했다고 했다. 심지어는 하나님을 만났다든지 신적인 존재를 만나지 않은 사람들조차도 죽음에 대한 두려움이 감소했다는 사실을 확인해 주었다.[229]

이에 대해 그레이슨 박사는 심리학자 마리타 펠리바 노바(Marieta Pehlivanova)와 함께 흥미로운 연구를 했다. 즉 임사체험의 어떤 특별한 부분이 죽음에 대한 태도에 변화를 주었는지를 분석했다. 400명 이상의 임사체험자 표본을 선별해서 조사한 결과,

첫 번째는 체험 중에 하나님이나 신과 같은 존재를 만났던 일이 죽음에 대한 두려움이나 불안을 감소시키는 원인이 되었다는 것을 발견했다.

두 번째는, 체험 중에 먼저 죽은 사랑하는 사람을 만났고 눈부신 빛을 보고 기쁨을 느꼈던 경험이 그들에게 죽음의 두려움을 감소시키는 역할을 했다는 것을 발견했다.

세 번째는, 그 중에 많은 사람들은 우주와 하나가 되는 느낌을 받았던 사람들 중에 죽음에 대한 두려움이 적어졌다는 것을 발견했다고 했다.[230]

그레이슨 박사가 면담했던 19세에 심장 마비로 죽음을 경험하고 임사체험한 죠지는 고백하기를 자신은 다른 체험자들처럼 성스러운 존

229　Bruce Greyson. p164.

230　Ibid. p166.

재를 보지도 않았고, 죽은 사랑했던 가족들을 만나지도 않았으며 다만 밝은 빛을 보았고 말할 수 없는 평안함을 체험했고 그는 더 이상 죽음을 두려워하지 않으며 오히려 동경한다고 했다. 그리고 그는 과거에는 신앙을 갖지도 않았지만 체험 후에는 많은 변화가 있었다고 했다. 그리고 살아 있음이 행복해 병원에서 자원 봉사자로, 죽어 가는 환자들을 위로해 주는 일을 하고 있다고 했다.[231]

2. 삶에 대한 태도와 타인에 대한 태도의 변화

그레이슨 박사는 정신과 의사로서 말하기를 사람들의 생각과 삶에 대한 태도를 변화시키는 것은 몇 달, 혹은 몇 년 동안 집중적으로 다방면에서 노력해도 쉽게 변화되지 않는다고 했다. 그러나 임사체험은 단 몇 초, 혹은 몇 분 동안의 경험으로 완전히 변화된다고 했다.[232] 이렇게 사람들이 임사체험을 통해 급격히 변화되는 이유 중 하나는, 그들이 또다른 현실을 분명하게 경험했기 때문이라고 한다. 그리고 그 현실은 지구상에서 경험하는 것보다 더 분명한 현실이라고 믿고 있었고 그러기에 시간이 지나면서 오히려 그 느낌과 감동이 더 커졌다고 고백한 사람이 90%라고 그레이슨 박사는 기록했다.[233]

이로 인해 이중 2/3는 자존감이 높아졌으며, 3/4은 이전보다 더 평온해졌고 그로 인해 남을 더 잘 돕게 되었다고 진술했다고 한다. 임사체

---

231 Ibid.

232 Bruce Greyson. Ibid. p171.

233 Ibid.

험자들이 본 그 세계를 종종 그들은 비유하기를 깜깜한 밤길을 가다가 갑자기 번개가 치면 온천지가 환하게 잠깐 보이는 것처럼 자신들의 체험은 그런 효과를 남겼다고 고백한다. 특히 그들이 자존감이 높아진 이유는 체험 중에 만났던 신적인 존재에 대한 사랑과 포용과 이해를 강하게 느낀 데서 생긴 것으로 볼 수 있다. 또한 체험자들은 신적인 사명감을 갖고 살게 되며, 자신을 우주적 존재로 그리고 위대한 목적의식을 갖게 될 뿐만 아니라 자신의 개인적인 삶보다는 이타적인 삶에 더 중점을 두게 된다고 한다.

그레이슨 박사는 1980년대 초부터 임사체험 연구를 하면서 수집한 자료를 근거로 20년이 지난 후 그들을 다시 만나 얼마나 삶이 변화되었는가를 관찰했다. 그 결과 종교와 사회문제에 대한 태도는 약간만 좋아졌고 세속적인 일에 대해서는 오히려 관심이 줄어들었으며, 이타적이고 긍적적인 삶에 대한 태도는 여전히 지속되는 것을 발견했다고 했다.[234]

성공한 여성 사업가인 37세의 크리스틴은 완벽주의자에 철저한 자기중심적인 성격이어서 돈을 버는 일과 자신이 하고 싶은 일 외에는 단 일 분도 남을 위해 시간을 쓰지 않는 성격이었다. 그리고 기독교인이었던 그녀는 어쩌다 편안한 시간이 나면 아이들을 데리고 교회에 가는 정도의 신앙 생활을 했다. 그러던 그녀가 심장마비로 하룻밤에 일곱 번이나 사망을 경험했다. 그중에 그녀는 임사체험을 했다.

------

234   Bruce Greyson. Ibid. pp171-172.

한순간 나는 백만 개 혹은 그보다 많은 가장 아름답고 눈부시고 반짝이는 불빛에 빨려 들어가는 느낌을 받았다. 무섭지 않고 자연스러웠다. 내 삶이 어린 시절부터 휙휙 책장을 넘기듯이 스쳐 지나갔다. 순간순간 모든 것을 이해했고 알았다. 그때 커다란 빛을 보았는데 그 빛은 나를 감싸고 편안하고 평화롭고 포근하게 했다. 말로 표현할 수 없는 행복을 느꼈다. 나는 그분과 함께 영원히 있고 싶었다. 나는 그분을 향해 손을 뻗었고 그분도 나를 향해 손을 뻗었다. 그 순간 그분은 "네 아이들은 네가 필요하단다."라고 하셨다. 그분은 내가 이 땅에 더 머물기를 원하는 것 같았다. 그리고 나는 몸으로 돌아왔고, 이 체험 후 모든 것이 달라졌다. 세상의 그 어떤 것도 내게 영향을 주지 못했다. 속상하는 일, 걱정되는 일 모든 것은 나에게 아무것도 아닌 일이 되었다. 하나님이 원하신다고 생각하는 것이 무엇일까에만 관심을 갖게 되었다. 이전에는 나는 성격이 급했고 편파적이고 모든 것을 내 마음대로 통제하고 싶었다. 그러나 나는 이제 모든 사람에 대해 조건 없는 사랑과 이웃에 대한 연민과 소외되고 병든 자를 돌아보게 되었다. 모든 수입의 1/10은 선한 일을 위해 쓰고 있다. 매일매일 평화와 기쁨으로 살아가고 있다.[235]

3. 의사들의 임사체험과 변화

안과 의사인 진 하우셔(Jean R Hausheer)는 그녀가 의과대학 재학 시절인 20대 때 바이러스후 잭슨형 갈랑 바레 증후군(Post-viral Jacksonian variant of Guillanin-Barre syndrome)이라는 병으로 전신 마비 증상이

235　Bruce Greyson. Ibid. pp175-177.

일어나 호흡 곤란을 겪으면서 임사체험을 하게 되었다.

마지막으로 내가 들은 말은 의사가 "코드 블루"라고 외치는 소리였다. 더 이상 숨을 쉬지 않는 내 몸을 살리려 필사의 노력을 하는 의료진들을 보았다. 그러나 나는 평화롭고 고요했고 더 이상 고통스러운 몸이 필요 없었다. 눈앞에 상상할 수 없을 정도로 하얀 빛의 놀랍고 찬란한 공이 떠올랐고 그 공에서 완벽한 사랑과 평화로움이 뿜어져 나왔다. 나는 빠른 속도로 그 빛으로 흡수되어 들어갔고 내 영혼 속에 스며든 빛과 하나가 되었다. 그리고 빛의 고향으로 가는 여정이 영혼의 고향으로 가는 것이 느껴졌다. 내 나이 20살이었지만 죽음이 두렵지 않았다. 놀라운 양의 순수한 사랑의 빛이 나를 둘러싸고 있었다. 사랑과 광원이 나를 환영해 주었다. 그때 갑자기 두 개의 안개가 하나되는 것처럼 보였고 어둠과 불쾌한 감정이 사라졌다. 나는 그때 "No!"라고 말하자 그 빛속에서 "걱정 말아요! 아직 당신의 시간이 아니에요. 돌아가세요!"라는 소리가 들렸고 나는 빠른 속도로 중환자실의 내 몸으로 돌아왔다. [236]

그녀는 후에 고백하기를 지구상의 생명 너머에서 우리를 기다리고 있는 놀라운 사랑의 광원의 경이로움과 아름다움은 죽음을 두려워하지 않게 했고, 더 많은 사람들에게 죽음 이후의 아름다운 삶을 전하며 나누게 되었다고 했다. 그 체험 후 그녀의 아버지가 세상을 떠나면서 두려워하고 있을 때 그녀는 아버지에게 위로와 평안을 줄 수 있었고, 아버지의 영혼이 어느 순간에 떠나는지도 알 수 있었다고 했다. 그리고 기독교인인 그녀는 빛과 사랑의 하나님 아버지를 만난 것에 너무나

---

236 John C. Hagan III. *The Science of NDE*. Ibid. pp49-52.

큰 특권을 느끼며 많은 사람들에게 정신적 신체적 위안과 소망을 주는 의사로 살아 가고 있다.

정형외과 의사인 토니 시코리아(Tony Cicoria)는 뉴욕의 한 호숫가에서 가족들과 피크닉을 하던 중 모래사장을 거닐면서 어머니에게 전화통화를 하다가 낙뢰를 맞고 사망했다. 즉시로 그는 자신의 몸에서 분리되어 죽어 있는 자신의 몸과 가족들이 달려들어 심폐 소생술을 하는 모습을 보았다. 그는 의사로서 자신이 몸을 벗어나 완전한 의식을 갖고 있다는 것에 무척 당황하며 혼란스러웠다고 했다.

그리고 가족들에게 자신이 살아 있다는 것을 알리려 해도 소통이 되지 않는다는 것을 알고 숙소로 들어와 벽을 통과해 아이들의 방으로 들어갔다. 아이들이 안전하다는 것을 보고 숙소를 나왔는데 수정처럼 맑은 물줄기 속에서 헤엄치는 것처럼 자신은 반짝이는 푸르스름한 빛에 잠겼다. 햇빛이 스며들고 있었고 영생에는 절대적인 사랑과 평화의 감정이 있음을 알았다. 순수한 양의 에너지가 흐르고 있었고 모든 구조를 통해 그 에너지가 흐르는 것이 보였다. 그 에너지는 양을 가늠할 수도 만져지기도 했다. 그리고 그는 말하기를, 나는 그 에너지의 흐름을 따라 흘러가고 있었다. 그리고 어디로 가는지는 몰라도 황홀했다. 그리고 이러한 일은 누구에게도 일어날 수 있는 가장 위대한 일이라고 생각이 들었다. 그 순간 갑자기 내 몸으로 돌아왔고 너무나 아팠고 입이 타오르고 왼발에 누군가가 포크를 꽂은 것처럼 느껴졌다. 심폐소생술을 하던 여인에게 고맙다는 말을 하고 싶었다. 그리고 괜찮아요 나는 의사예요. 라고 말했다.

그는 이러한 임사체험의 경험을 한 후 임사체험에 대해 연구하기 시작했다. 그리고 임사체험을 환각으로 해석하는 많은 학자들에게 정확하고 놀라운 시각적, 청각적 경험에 대해 직접 증언하고 있다. 그는 말하기를 *임사체험은 단순히 죽어 가는 뇌, 렘활동, 무산소 환각 또는 갑작스러운 뇌전기 활동의 팽창으로 인한 것이라는 주장으로는 결코 설명할 수 없다*고 했다. 그는 확실히 말하기를 의사로서 과학자로서 자신은 사람은 죽어도 의식은 살아 있고 임사체험은 분명한 현실이라고 말한다.[237]

그는 마지막으로 저명한 영국의 의사인 Robin Kelly의 말을 인용했다. *뇌는 의식의 좌소가 아니라 의식이 실현되는 그릇일 뿐이다.* [238]

뉴욕대학교(NYU) 의과대학 외과의사인 로버트 몽고메리 박사(Robert Montgomery)는 세계적인 명성을 가진 외과 의사이다. 그는 거대한 체구의 건장한 사람이지만 아버지로부터 받은 유전병인 심근경색으로 7번의 심정지를 겪으면서 죽음을 체험했다. 그는 매번 죽음을 맞을 때마다 어김없이 느꼈던 것은 자신의 의식이 엄청나게 광대하게 확장되는 것을 느꼈다는 것이다. 마치 비유하자면 자신의 몸에 있을 때는 지구와 같고 심정지가 일어나고 육체의 기능이 멈추는 순간 자신의 의식은 우주와 같이 광범위해졌다고 했다. 그리고 다시 심장이 뛰고 몸으로 돌아오면 마치 벤브가 잠겨 지는 깃처럼 위축되어 좁아지는 것을 느꼈다고 했다. 그리고 그는 놀라운 고백을 했다. 죽음을 경험

237　Ibid. pp55-61.

238　Ibid. p62.

하고 깨어나면 영원함과 위대함의 경험의 여운으로 한동안 놀라운 기쁨을 누린다는 것이다. 그리고 긍정적이고 자신감이 넘치는 것을 경험한다고 했다. [239]

하버드 대학병원의 신경외과 의사인 이븐 알렉산더 박사(Eben Alexander M. D.)는 많은 임사체험한 의사들의 대표적인 경우라고 할 수 있을 것이다. 그는 세계적인 신경외과 의사로 능력을 발휘하던 건강했던 2008년, 54세의 나이가 되었을 때 어느 날 아침 뇌수막에 박테리아의 감염으로 혼수 상태에 빠진 후 임사체험을 했다.

처음에 그가 본 것은 천천히 돌면서 뿜어져 나오는 황금빛의 새하얀 빛 줄기들이었다. 어두움은 점점 부서지면서 떨어져 나갔고 지금까지 들어 보지 못한 최고로 화려하고 구성지고 아름다운 살아 있는 음악이 들여왔다. 소리가 점점 커지며 순백색의 아름다운 빛이 점점 내려왔고 순식간에 자신은 그 속으로 빨려 들어갔고 그곳에는 지금까지 보지 못했던 가장 아름다운 세상이 펼쳐졌다고 했다. 찬란하게 빛나고 생기가 넘치고 황홀하고 형용할 수 없는 그런 풍경이었다. 아래로는 푸르고 무성한 숲과 들판, 시냇물과 폭포, 그리고 여기저기에 사람들이 웃고 있었고, 아이들이 뛰놀고 있었으며 사람들은 둥글게 모여서 노래하고 춤을 추고 있었다. 그곳은 너무나도 밝고 맑고 아름다운 현실의 장소였고 분명한 의식의 상태에서 그는 그 모든 것을 누리고 듣고 경험했

<hr>

239   Sam Parnia. *Lucid Dying*. (New York. Hachette Book Group. 2024), pp109-120.

다고 했다. 그는 그곳에서 자신을 안내하는 아름다운 여인을 만났는데, 전혀 이성적인, 그리고 인간적인 정은 느끼지 못했지만 영혼의 동반자처럼 사랑으로 결탁된 상태로 그녀의 안내를 받으며 천국의 많은 모습들을 보게 되었다. 나중에 그가 일주일 만에 의식을 회복하고 알게 된 사실은, 어린 시절 자신이 입양된 후 그의 친부모에게서 태어난 자신의 친 여동생이었고 그녀가 젊은 날 사고로 일찍 사망했다는 사실을 알았으며 친부모를 만났을 때 사진 속의 여동생이 바로 그녀였었다는 것을 확인했다.

알렉산더 박사는 2012년 「나는 천국을 보았다」(Proof of Heaven)를 통해 자신의 임사체험을 세상에 알렸고 이 책은 전세계 40개 이상 언어로 번역 출판되었고 출판 1년 만에 2백만 부가 판매되었다. 임사체험 후 그의 삶은 완전히 바뀌어 신경외과 의사에서 영성과 의식 연구자로의 삶을 살아가고 있으며, 임사체험연구가, 그리고 임사체험을 공유하는 웹사이트와 강연, 과학과 영성을 연결 짓는 새로운 학문을 개발하고 있다. 그의 공식 사이드인 ebenalexander.com에서 지속적으로 자신의 연구를 업데이트 하고 있다.[240]

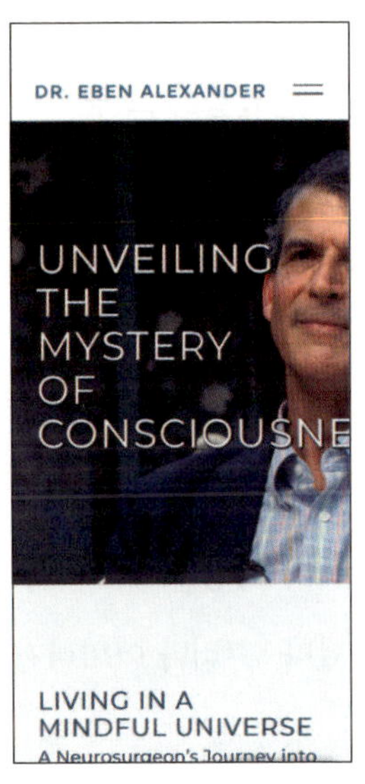

이븐 알렉산더 박사의 개인 홈페이지

240　이븐 알렉산더. *나는 천국을 보았다.* Ibid.

4. 임사체험은 자살자를 변화시킨다

이에 대해 레이먼드 무디 박사는 자신이 면담한 사례 중 몇 사람이 자살시도 후 완전히 사망 상태에 있었다가 소생한 사람이 있었는데 그들의 공통점은 한결같이 불쾌한 경험을 했었다고 했다. 그중 한 여성은 *이곳에서 고통받는 영혼인 채 떠난다면 저곳에서도 고통받는 영혼이 될 거예요.*라고 대답했다.

아내가 죽은 후 절망한 한 남성은 총으로 자신을 쏴 사망했었는데 후에 소생하여 말하기를

*나는 아내가 있는 곳으로 가지 않았다. 끔찍한 곳으로 갔다 내가 얼마나 멍청한 실수를 저질렀는지 깨닫게 되었다*고 했다는 것이다. 무디 박사는 이러한 불쾌한 림보(Limbo) 상태를 경험한 사람들은 한결같이 그 끔찍한 곳에 영원히 버려진 것 같은 감정을 느꼈다고 했다. 이는 성경과 역사 속에 많은 지식인들이 말한 대로 창조주의 뜻을 거스르는 일이기에 스스로 형벌의 사후가 상상한 대로 그들에게 일어난다고 했다.[241]

부루스 그레이슨 박사 역시 그의 면담자 중에 자살로 인해 임사체험을 경험한 사람들이 있었다. 그가 초기 임사체험을 연구할 때 만났던 헨리는 아내와 자녀들이 떠나고 의지했던 어머니가 사망을 하자 허탈감에 총으로 자살했다가 천국에서 어머니를 만났다. 그러나 어머니가 그의 자살을 알고 큰 충격을 받는 모습을 보았다.

또다른 남성 조엘은 고통스러운 삶에 비관하고 자살을 생각했지만

241　　Raymon Moody. Ibid. pp136-138.

처음에는 자살하면 지옥에 갈까 봐 두려워 시도를 못했다. 그러나 그는 결국 약물 과다 복용으로 자살을 시도했다가 놀랍도록 평화로운 임사체험을 했다.

그러나 그레이슨 박사는 자살 후 임사체험한 사람들에게서 한가지 공통점을 발견했는데, 그것은 다시 자살하려는 충동이 없어 졌다는 것이다. 약물로 자살 시도했던 조엘은,

자살하면 나의 영혼이 영원히 고통스러울까 걱정했다. 그러나 내 예상과는 다르게 나는 지옥에는 가지 않았지만 내가 사랑받고 있고 소중한 존재라는 말을 그곳에서 들었다. 그리고 지금은 죽음을 두려워하지 않고 오히려 기대하면서 이 땅의 삶에 충실하려고 한다. 전에는 사는 것이 두려웠지만 지금은 죽음도 두렵지 않고 사는 것도 두렵지 않다고 했다.[242]

그리고 총으로 자살 시도했던 헨리 역시 이제는 어머니가 행복한 곳에 계신 것을 알기 때문에 마음이 편안하고 다시는 어머니를 실망시켜드리지 않기 위해 열심히 살겠노라고 했다.

그레이슨 박사의 연구에 의하면 자살시도를 했다가 소생한 사람 중 1/4 정도가 임사체험을 한다고 한다. 그리고 임사체험을 하지 않은 자살 후 소생한 환자에 비해 체험을 한 사람들은 더 이상 자살 충동을 느끼지 않았다고 했다. 그리고 그 이유를 그들이 체험 중에 자신들이 디 위대한 우주나 신의 한 부분이라는 사실을 알게 되었고, 살아 있는 삶

<hr>

242   Bruce Greyson. Ibid. pp167-168.

이 내세를 위해 소중하다는 것을 깨달았기 때문이라고 했다. [243]

　이처럼 임사체험 연구가들의 내용을 종합해 보면, 일반적인 생각으로 자살 후에 지옥이 아닌 천국과 같은 경험을 한다면 그곳을 동경하여 더 쉽게 다시 자살을 시도하지 않을까 하는 생각을 하지만 사실 그들은 좋은 경험을 하면서 자신들이 사랑받고 있고 소중한 존재이며, 그리고 단순한 이 땅의 삶의 존재가 아니라 우주적이고 위대한 신의 부분이라는 자존감을 회복하기 때문에 삶에 더 충실한다는 것이다. 반면에 지옥과 같은 경험을 한 자살 시도자들은 그곳에서 자신의 실수와 잘못을 깨닫게 되고 다시 소생한 후에는 새로운 삶을 위해 노력한다는 것이다. 두 가지 면에서 임사체험은 절망적인 자살 시도자들에게 긍정적이고 희망적인 결과를 만들어 내었다는 것이 그들의 결론이었다.

　이처럼 임사체험은 심지어 자살을 시도한 사람들 조차도 변화시키는 힘이 있다는 것은 임사체험이 단순한 환각이나 엑스터시 현상이 아니라 현실로 그들에게 일어났던 사건임을 증명하는 유력한 사실이라고 할 수 있는 것이다.

5. 시각 장애인들의 임사체험

　43세인 비키라는 여성은 3파운드에 조기 출생하여 오랫동안 인큐베이트에서 성장한 결과 시신경 장애를 일으켜 태어나면서 시각 장애를 갖게 되었다. 그러나 장성한 후 그녀는 결혼해서 세 아이의 엄마가 되

243　Ibid.

었고 키보드 연주로 생계를 이어 가고 있었다. 그녀는 사람들로부터 많은 학대와 무시, 그리고 생활고의 어려움으로 힘든 삶을 살아오는 동안에, 심각한 건강 이상으로 두 번의 임사체험을 경험했다고 했다. 임사체험 연구가 케네스 링 박사와 면담하는 중 그녀는 다음과 같은 진술을 했다. 한번은 비알코올성 지방 간염이 심각해 응급실에 갔다가 임사체험을 했다.

저는 병실 천장에서 아래를 내려다보았어요. 그 의사는 남자였고 누워 있는 사람이 나인 줄 처음엔 몰랐어요. 그러나 잠시 후 내 머리카락이라는 걸 알았고 내가 끼고 있던 결혼 반지를 알아봤어요. 그러고는 병원에서 내 머리카락을 잘라 내는 것을 봤고 머리에 피가 많이 나는 것을 봤어요. (그녀는 평생에 볼 수 없었기에 피의 색이 붉은 색이라는 것조차 몰랐다.) 그리고는 지붕을 뚫고 위로 올라갔어요. 거리의 불빛과 집들을 보았어요. 그렇게 보는 것이 무서웠어요. 그리고 몸을 벗어 났기에 너무나 자유로웠어요. 그때 갑자기 튜브에 빨려 들어가는 것을 느꼈고 밝은 빛을 만났어요. 챠임벨 같은 음악이 들렸고 꽃으로 덮인 들판을 보았어요. 그곳에서 장애인 학교에서 봤던 두 아이를 만났고 간병인 할머니를 봤어요. 모두는 나를 환영했고 무한한 사랑을 느꼈어요. 내가 그들에게 가까이 가려 하자 무언가가 나를 막았고 너는 돌아 가야 해 그런 말을 듣고는 내 몸으로 돌이왔어요.[244]

케네스 링 박사는 100페이지가 넘는 비키의 진술 내용을 기록하면서 다음과 같이 말했다. 그녀는 태어나면서 시각 장애를 가지고 있었

---

244 Kenneth Ring. *Lessons from the Light.* (Newburyport. MA. New Page Books. 2006) pp74-78.

기 때문에 색깔이나 형체에 대한 개념이 없는 상태였고, 그러기에 꾸는 꿈도 풍경이나 환경에 대한 꿈이 아니라 대부분 먹는 꿈이나 소리를 듣는 꿈, 그리고 만지는 꿈 등을 꾼다고 했다. 그러나 임사체험에서 그녀는 모든 것을 선명하게 보았다고 했다. 그래서 처음엔 그렇게 보이는 것이 무서웠다고 표현했다는 것이다.[245]

또 다른 33세의 남성인 브레드 베로우 역시 태어나면서 시각장애를 가졌다. 그는 8살 때 심각한 폐렴으로 심정지 상태에서 임사체험을 했다. 처음엔 병실 천정에서 자신의 몸을 보았고 지붕으로 올라가 여러 가지 환상을 보았다. 눈사태가 나는 모습과 전차가 다니는 모습, 그 후 그는 터널 안에 있는 자신의 모습을 보았다. 키가 큰 나무 숲속으로 걸어갔고 아름다운 음악이 들려왔고, 그 다음 언덕을 올라가 반짝이는 돌로 된 아름다운 건물을 보았다고 한다. 그 안에서 하나님을 찬양하는 음악이 들려 왔고 그 건물 안으로 들어 갔을 때 하나님을 만났고 말할 수 없는 사랑과 평화를 느꼈다고 했다. 그 역시 색깔이나 어떤 형상의 개념이 없었지만 너무나 선명하게 모든 사물을 보았다고 했으며 심지어 돌로 된 거대한 건물은 너무나 반짝이는데 만지면 뜨거울 것 같은 느낌이 들었다고 했다.[246]

케네스 링 박사는 총 31명의 시각장애인 임사체험자들을 면담했는데 그중에 14명은 태어나면서 장애를 가졌던 사람이었다. 31명 중 21

---

245 Ibid.
246 Ibid. pp80-81.

명은 완전한 임사체험을 했고, 10명은 유체이탈만 경험했다고 했다. 특이한 점은 시각장애인들의 임사체험은 일반인들의 임사체험 내용과 거의 동일했고, 시각장애의 상태와는 상관없이 거의가 동일한 패턴의 경험을 했다는 것이다. 즉, 태어나면서 장애를 가진 사람이나 젊은 시절 시각장애인이 된 사람, 그리고 성인이 되어 시각 장애인이 된 사람 모두가 거의 동일한 패턴의 경험을 했다는 것이다. 그리고 그중에 80%가 볼 수 있었다고 말했으며, 사람이나 사물, 풍경들도 볼 수 있었다고 했다. 그리고 대부분의 그들은 눈으로 보았는지 아니면 다른 방법으로 보았는지에 대해서는 확실히 표현을 하지 못했다는 것이다. 한 남성은 *본다는 것이 무슨 뜻인지 모르겠어요.* 라고 했다.[247]

마지막으로 임사체험은 믿을 수 있는가? 라는 주제를 마무리하면서 평생 다양한 관점에서 임사체험을 연구한 커네티컷 대학의 케네스 링 박사의 글을 인용한다. 그는 임사체험을 연구하면서 또한 「Journal of Near-Death Studies」를 창간한 사람으로 수많은 임사체험자들을 면담하고 연구한 결과 임사체험의 교훈을 다음 10가지로 정리를 했다.

1. 죽음은 두려워할 필요가 없습니다.
2. 죽는 것은 고통스러운 것이 아니라 평화롭고 아름답습니다.
3. 삶은 태어나면서 시작했다가 죽음으로 끝나는 것이 결코 아닙니다.
4. 그러므로 인생은 소중합니다. 최선을 다해 살아야 합니다.

....

247   Ibid.

5. 우리의 몸과 몸의 모든 감각기관은 엄청난 창조주의 선물입니다. 감사하며 살아야 합니다.

6. 인생에서 가장 중요한 것은 사랑입니다.

7. 생각이나 기대에 지배되지 말고 타인의 평가에 대해서도 신경 쓸 필요가 없습니다.

8. 돈과 물질에 집착하는 삶은 어리석은 것입니다.

9. 인생에서 크게 성공하는 것은 우리의 삶의 전부가 아닙니다.

10. 경쟁에 신경 쓰지 말고 오히려 타인을 돕는 것이 더 중요함을 알아야 합니다.[248]

링 박사의 말대로 임사체험을 한 모든 사람들이 이러한 고백을 했다면, 더 이상 임사체험을 의심할 여지가 없을뿐더러 이세상에서 임사체험만큼 위대한 스승은 우리에게 없을 것이다.

248   Kenneth Ring. *Lessons from the Light*. (Newburyport. MA. New Page Books. 2006.) pp19-26.

제10장　성경에서 죽음의 의미와 임사체험

성경은 한마디로 죽음을 그다지 중요한 주제로 다루고 있지 않다. 예수께서도 수많은 가르치심과 설교 중에 죽음에 대한 내용을 특별히 크게 부각시키지 않으셨다. 육체를 가진 인간으로 이 땅에서 정해진 생명을 살아가는 우리에게는 죽음이 가장 큰 문제이며 그 무엇과도 견줄 수 없는 가장 중심되는 사건인 것이 사실이다. 그럼에도 성경은 왜 그다지 심각한 문제로 언급하거나 설명하지 않을까? 그 이유는 성경 전체 맥락에서 보면 알 수 있다.

성경에 언급된 죽음

1. 죽음은 잠자는 것

요11:11에 예수님은 친구 나사로가 병들었다는 소식을 들으시고 나사로를 방문하러 가시는 도중에 *우리 친구 나사로가 잠들었도다 그러나 내가 깨우러 가노라* 하시면서 나사로가 사망한 것을 잠든 것이라고 표현을 하셨다. 살전 4:13 *형제들아 자는 자들에 관하여는*, 단12:2 *땅의 티끌 가운데서 자는 자 중에*, 고전15:51 *보라 내가 너희에게 비밀을 말하노니 우리가 다 잠잘 것이 아니요* 등에서 죽음을 잠에 비유하고 있다. 이는 죽음이 우리가 생각하는 모든 것의 종말이 아니라 다시 깨어나는 잠과 같이 살아 있는 연속 상태임을 말씀하고 있다.

2. 죽음은 돌이킬 수 없는 소멸이 아니다

요11:25 *내가 부활이요 생명이라 나를 믿는 자는 비록 죽을지라도 살겠고 무릇 살아서 나를 믿는 자는 영원히 죽지 아니하리라* 하여 죽음 후에도 부활을 통해 삶의 기회가 또 다시 있음을 시사하신다. 또한 마16:21 예수께서 자신이 십자가에 죽으신 후 부활하실 것을 예언하셨고 눅23:46에는 십자가에서 운명 직전 자신의 영혼을 하나님 아버지 손에 부탁하시므로 육체는 죽어도 영으로 살아 있을 것을 암시하신 것처럼 성경은 육체의 죽음이 종말이 아님을 분명히 하고 있다.

3. 죽음은 육체와 영혼의 분리 일뿐 그 이상은 아니다

전12:7 *흙은 땅으로 돌아가고 영은 하나님께로 돌아가나니* 눅 23:46 *아버지여 내 영혼을 아버지 손에 부탁*(space)*하나이다* 눅23:43 *오늘 네가 나와 함께 낙원에 있으리라* 이 구절들에서 사람의 육신이 죽으면 영혼이 육체와 분리되어 살아 있는 상태로 다른 장소로 이동되는 것을 말씀하고 있다.

4. 죽음은 무의식의 상태가 아니라 분명한 의식의 상태가 지속된다

눅16:19, 부자와 거지 나사로의 비유에서 죽은 후 상태는 육체를 입고 있을 때와 똑같이 보고 듣고 말하고 느끼고 생각하고 깨닫고 하는 상태임을 보여 준다. 또한 계6:9, *하나님의 말씀을 위하여 죽임을 당한 영혼들이… 큰 소리로 부르짖으며*라고 하여 육체를 입고 이 땅에 살았을 때의 모든 기억들을 그대로 가지고 있으며, 또 느끼고 감정을 품고 있고 그리고 원한까지도 그대로 가지고 있음을 보여 주고 있다.

5. 죽음은 단지 육체의 종말을 말하는 것이지 나라는 존재 자체의 종말은 아니다

마10:28 *몸은 죽여도 영혼은 죽이지 못하는 자를 두려워 말고 오직 몸과 영혼을 능히 지옥에 멸하시는 자를 두려워하라* 살전5:23 *너희의 온 영과 혼과 몸이 주 예수 그리스도 강림하시는 날까지 흠 없게 보전되기를*이라고 하여 우리라는 존재는 몸과 영혼의 결합으로 이루어져 있으며, 우리가 말하는 죽음은 육체의 종말을 말하는 것이며 우리의 실체인 영혼은 육체가 죽은 후에도 계속 존재한다는 것을 분명히 말씀하고 있다.

성경에 언급된 죽음 이후

앞에서 보았듯이 성경은 분명히 육체의 죽음은 모든 것의 종말이 아니고 단지 육체의 모든 기능이 멈추고 부패해 가는 하나의 과정이며 육체와 분리된 진정한 나는 영혼의 존재로 계속 생존한다는 사실을 말쓸하고 있다. 그러면 육체의 죽음 이후에 존재하는 나는 어떤 실체일까?

1. 죽음 이후 사람은 상태나 현상이 아니라 삶으로 존재한다

삶이란 의식, 감정, 느낌에서 더 나아가 의, 식, 주와 활동하고 쉬며 즐기는 모든 것을 포함한다. 그런데 성경은 분명히 육체의 소멸 후 계속해서 존재하는 영혼 내지는 또 다른 형태의 나는 이러한 육체로 있을 때와 꼭 같은 삶이 지속된다고 말씀하고 있다.

눅16:19, 부자와 나사로 비유에서 예수께서는 죽은 후, 나사로는 평안과 안식을 누리고 부자는 고통스러운 삶이 있었다고 묘사하고 있다.

빌1:24, 바울은 몸을 떠나 주와 함께 있는 것이 더 낫다고 하여 몸을 떠난 후 주님과 함께하는 또 다른 삶이 있음을 시사한다.

계6:9, 죽은 후에도 여전히 기도와 간청이 있는 성도들의 삶을 보여준다. 그 외에도 요한 계시록에 여러 곳에서 천국의 환경과 그곳에서의 삶의 생생한 모습들을 묘사하면서 지상에서와 크게 다르지 않는 삶을 누리는 것을 알 수 있다.

2. 죽음 이후에는 모든 사람이 같은 환경이 아니라 전혀 다른 환경에서 살게 된다고 한다

예를 들면 어떤 사람은 행복하고 좋은 환경에서, 그리고 또 다른 사람들은 극히 고통스러운 환경에서 살게 된다고 묘사되어 있다. 그것을 성경은 지옥과 천국이라고 했다.

1) 구원받은 자의 환경

계21:1-4: *새 하늘과 새 땅 새 예루살렘 눈물이 없고 사망도 없으며 고통도 없는 곳*

요14:2-3: *내 아버지 집에 거할 곳이 많도다… 내가 너희를 위하여 처소를 예비하리라.* ("처소"의 희랍어 "모네"(μονή)는 영어로 대 저택의 뜻인 "mansions" 라고 번역했다.)

계6:9-10: 하나님의 제단 아래에서 성도들이 찬양하며 경배하는 곳이라 했다.

고전15:52-54: 최종 부활을 기다리는 완전한 영광의 상태라고 했다.

눅16:43: *오늘 네가 나와 함께 낙원에 있으리라.* 하여 예수께서는 십자가 위의 강도를 위로 하셨다. 이와 같이 구원받은 자들의 사후의 상태는 의식과 삶이 있는가 하면 극도의 기쁨과 감격과 행복이 있고, 하나님과 함께 하는 아름다운 예배가 있는 곳이라고 묘사하고 있다.

2) 저주받은 자의 환경

마25:46: *저주받은 자들은 영벌에, 의인들은 영생에 들어가리라.*

마13:42: *불 구덩이에 던지리니 거기서 울며 이를 갊이 있으리라.*

계20:14-15: *사망과 음부도 불못에 던저지니 이것이 둘째 사망이라.*

눅16:23-24: 불구덩이에서 고통하며, 물 한 방울을 구하여도 얻지 못하는 곳이라 했다.

이와 같이 저주받은 자들 역시 육신의 사후에 계속 존재하지만 그 환경은 끔찍한 살상의 장소요 또한 소망이 없고 끊임없는 고통이 있는 곳이라고 묘사되고 있다.

성경에서 임사체험 사례

성경에는 정확하게 임사체험을 담은 기록은 없다. 그러나 그 내용이 임사체험과 유사한 기록들은 몇 곳에 있다.

[에스겔8:1-11:25]

이 내용은, 주전 5세기경, 바벨론 왕 느부갓네살이 유대인들을 포로로 잡아갔을 때의 사건이다. 에스겔은 바벨론 자신의 집에서 유대의 장로들과 함께 있을 때 그의 영이 하나님께 이끌려 예루살렘을 여행했으며 성전의 구석구석을 방문하게 되었는데 그 내용이 자세히 4장에 걸쳐 기록되어 있다. 그가 경험한 예루살렘 성을 방문한 내용은 너무나도 세밀하고, 또한 하나님과 그의 영의 대화 내용이나 감정적인 표현들은 현실과 같은 경험이었음을 알 수 있다. 그 순간 그의 육신이 어떤 상태였는지 성경에 묘사되어 있지 않아 알 수 없지만, 혼자 있을 때 경험한 것이 아니라 유다의 장로들과 함께 있을 때 경험한 것으로 보아 낮 시간 혹은 활동하는 시간과 상황이었음을 짐작할 수 있다. 또한 그의 표현대로 그의 영이 몸에서 분리된 상태였다면, 그의 육신은 혼수상태, 혹은 잠시 죽어 있었던 상태였을 것으로 추정하면, 임사체험자들의 상태와 유사했을 것이다. 특히 그가 하나님의 형상을 묘사하기를 *불 같은 형상이 있었으며, 허리 아래의 모양은 불 같고, 허리 이상은 광채가*

나는 불에 달궈진 쇠 같았고, 손 같은 것이 자신의 머리채를 움켜쥐고 하늘과 땅 사이로 들어올려 예루살렘으로 데려갔다(단8:2-3)고 묘사하고 있다. 이러한 묘사는 임사체험자들이 흔히 경험하는 하나님 내지는 신적인 존재와의 만남의 장면과 많은 부분에서 유사하다.[249]

[다니엘 10:1-12:13]

이 내용역시 포로된 다니엘이 본 환상, 혹은 영적 경험이며, 다니엘이 만난 천사와 같은 존재, 그리고 하나님의 형상 역시 임사체험자들이 만난 신적 존재와 유사한 내용이다.

그때에 내가 눈을 들어 바라본즉 한 사람이 세마포 옷을 입었고 허리에는 우바스 순금 띠를 띠었더라 또 그의 몸은 황옥 같고 그의 얼굴은 번갯빛 같고 그의 눈은 횃불 같고 그의 팔과 발은 빛난 놋과 같고 그의 말소리는 무리의 소리와 같더라 이 환상을 나 다니엘이 홀로 보았고 나와 함께 한 사람들은 이 환상은 보지 못하였어도 그들이 크게 떨며 도망하여 숨었느니라 그러므로 나만 홀로 있어서 이 큰 환상을 볼 때에 내 몸에 힘이 빠졌고 나의 아름다운 빛이 변하여 썩은 듯 하였고 나의 힘이 다 없어졌으나 내가 그의 음성을 들었는데 그의 음성을 들을 때에 내가 얼굴을 땅에 대고 깊이 잠들었느니라(5-9)

다니엘이 묘사한 내용 역시 에스겔의 경우와 같이 지상에서 볼 수 없는 존재의 모습이며, 임사체험 중에 경험한 사람들의 하나님이나 신적 존재와의 만남과 유사한 것을 볼 수 있다. 그리고 특이한 것은 다니

249　본서의 11장, 임사체험과 하나님 그리고 천국과 지옥 중에서 "임사체험과 하나님" 참조.

엘은 자신의 몸의 상태를 묘사하기를 호흡이 끊어지고 몸이 썩은 것처럼 되고 힘이 다 없어졌다고 했다. 즉 육체적으로 사망한 상태나 아니면 거의 혼수상태였을 것으로 보인다. 다니엘 역시 그런 몸의 상태에서 너무나도 생생한 경험을 한 것 역시 임사체험자들의 경우와 많은 면에서 유사하다.[250]

[사도바울 고후12:2-4]

여기에 묘사된 사도바울의 천국기행 내용역시 전형적인 임사체험자들의 내용과 유사하다.

내가 그리스도 안에 있는 한 사람을 아노니 그는 십사 년 전에 셋째 하늘에 이끌려 간 자라 (그가 몸 안에 있었는지 몸 밖에 있었는지 나는 모르거니와 하나님은 아시느니라) 내가 이런 사람을 아노니 (그가 몸 안에 있었는지 몸 밖에 있었는지 나는 모르거니와 하나님은 아시느니라) 그가 낙원으로 이끌려 가서 말로 표현할 수 없는 말을 들었으니 사람이 가히 이르지 못할 말이로다.

특히 바울이 몸 안에 있었는지 밖에 있었는지 자신이 모른다고 표현한 것은 임사체험의 유체이탈 경험을 의미하는 것으로 볼 수 있으며, 낙원으로 끌려 가서 말로 표현할 수 없는 말을 들었다는 표현 역시 많은 임사체험자들이 체험시에 의사소통 내지는 영의 세계에서의 지식의 전달을 표현할 때 지상의 언어로는 표현하기 어렵고 그리고 너무나 방

250 　본서 7장, 임사체험 내용 참조.

대한 지식을 단시간에 전달받았다는 말들과 유사한 것을 볼 수 있다.[251]

[사도요한 계1:10-20]

반모섬에 유배되었던 요한은 부활하신 그리스도를 만났다.

몸을 돌이켜 나에게 말한 음성을 알아 보려고 돌이킬 때에 일곱 금 촛대를 보았는데 촛대 사이에 인자 같은 이가 발에 끌리는 옷을 입고 가슴에 금띠를 띠고 그의 머리와 털의 희기가 흰 양털 같고 눈 같으며 그의 눈은 불꽃 같고 그의 발은 풀무불에 단련한 빛난 주석 같고 그의 음성은 많은 물 소리와 같으며 그의 오른손에 일곱 별이 있고 그의 입에서 좌우에 날선 검이 나오고 그 얼굴은 해가 힘 있게 비치는 것 같더라 내가 볼 때에 그의 발 앞에 엎드러져 죽은 자 같이 되매 그가 오른손을 내게 얹고 이르시되 두려워하지 말라 나는 처음이요 마지막이니 곧 살아 있는 자라 내가 전에 죽었었노라 볼지어다 이제 세세토록 살아 있어 사망과 음부의 열쇠를 가졌노니 그러므로 네가 본 것과 지금 있는 일과 장차 될 일을 기록하라 네가 본 것은 내 오른손의 일곱 별의 비밀과 또 일곱 금 촛대라 일곱 별은 일곱 교회의 사자요 일곱 촛대는 일곱 교회니라(12-20) 여기서 사도요한은 비교적 자세히 자신이 본 그리스도의 모습을 묘사했다. 이 역시 지상에서의 인격적인 형상과는 전혀 다른 초현실적인 모습과 느낌을 받았던 것을 알 수 있으며, 특히 자신의 상태는 그 위엄과 영광에 압도되어 죽은 사람처럼 되었다고 했다. 우리가 잘 아는 대로 그런 상태에서 요한은 22장에 달하는 성경에 기록된 내용들을 계시 받았다.

....

251 본서 7장 참조.

이상에서 본 성경의 선지자들과 사도들의 체험이 정확하게 임사체험이라고 주장할 수는 없지만, 많은 부분에 있어서 임사체험의 내용과 유사한 것을 보면서, 사람의 몸이 정상적으로 기능하지 않은 상태에서 현실과 같은 생생한 경험을 한 그들의 체험은 오늘날에 와서 우리가 굳이 표현하자면 임사체험이라고 할 수도 있을 것이다. 기독교적인 표현으로는 영적 세계혹은 영으로 경험한 것이라고 하지만, 보편적인 표현으로는 몸을 떠난 인간의 의식이 경험한 것이라고 할 수 있을 것이다.

임사체험 내용의 성경적 이해

이 장에서는 기독교 인으로서 임사체험에서 말하는 내용들이 과연 성경적인가? 혹은 성경의 내용과 조화될 수 있는가? 하는 면을 살펴보려고 한다. 놀랍게도 임사체험의 내용들이 성경과 일치되는 부분들이 의외로 많다는 사실을 우리는 여기서 살펴볼 수 있다.

1. 영혼의 초 시공간 개념

의사들의 세계에 가장 먼저 임사체험을 소개하고 연구하는 동기를 부여했다고 할 수 있는 버지니아에 있는 타워 병원의 정신과과장을 지낸 죠지 리치(George G. Ritchie 1923-2007)의 경우에서 제일 먼저 그가 체험한 것은 순식간에 자신의 시신이 누워있던 병원을 떠나 먼 거리로 여행을 했고 여러 사람과 접촉을 시도했었다는 것이다.[252] 정형외과 의사인 토니 시코리아 역시 영으로서 자신이 벽을 통과해 움직이고 자신의 시신에 심폐소생술을 하며 애쓰는 사람들의 모습을 멀리서 보았다.[253] 물론 다 인용할 수 없을 만큼 수많은 체험자들이 시간과 공간을 초월하는 경험을 한 것을 진술했다.

이러한 내용은 성경에서 가장 직접적으로 부활하신 예수의 모습과 거의 일치한다. 부활하신 예수는 먼저 제자들이 모여 있던 방에 벽을 통과해 들어오셨다. (눅24:36이하) 그리고 순간적으로 엠마오 도상에 있던 두 제자에게 나타나셨다. (막16:12) 그리고 또한 멀리 갈릴리 호숫가에 있던 제자들에게 나타나셨다. (요21:1이하)

그리고 예수께서 변화산 위에서 세 제자와 함께 계실 때 모세와 엘리야가 나타나 예수님과 대화하는 장면이 있다. 이 장면은 시간적으로 1천 년 전의 모세, 그리고 5백 년 전의 엘리야, 또한 현실의 예수님이 한 장소에 있었다는 뜻이다. (마17:1이하) 이처럼 성경의 내용과 임사체험자들의 시공간을 초월하는 경험은 거의 일치하는 것을 볼 수 있다. 다만 다른 점은 임사체험한 사람들은 자신들의 모습이 살아 있는 현실 속에 사람들에게 보이지 않았고 그들과 소통을 할 수 없었던 반면, 부활하신 예수님은 현실에 살아 있는 사람들 혹은 제자들에게 보였으며 그들과 소통할 수 있었다는 것이 다른 점이라고 할 수 있다.

----

252 본서의 6장 의사들의 임사체험 연구 참조.
253 9장 임사체험은 믿을 수 있는가-의사들의 임사체험후 변화 참조.

2. 빛과 하나님

많은 임사체험자들이 빛의 존재를 만났다. 그리고 때로는 그 빛과 하나가 되기도 하고 빛과 대화를 하기도 했다. 그중에 가장 두드러진 공통점은 빛을 자연 현상이 아니라 인격적으로 만났던 것과 그 빛을 만나면서 사랑과, 포용과, 위로와 평안을 경험한 것이다. 앞에서 이미 언급한 대로 제프리 롱 박사의 연구에 의하면 체험자중 64.6%가 빛을 만났으며 빛과 함께 신성한 존재를 만났다.[254]

성경에서는 여러 곳에서 하나님을 빛으로 묘사하고 있다. 그리고 그 빛이 생명이요 하나님의 근본임을 암시하는 내용이 있다.

시편 27:1 여호와는 나의 빛이요 나의 구원이시니 내가 누구를 두려워하리요 여호와는 내 생명의 능력이시니 내가 누구를 무서워하리요.

요한일서 1:5 우리가 그에게서 듣고 너희에게 전하는 소식은 이것이니 곧 하나님은 빛이시라 그에게는 어둠이 조금도 없으시다는 것이니라.

베드로전서 2:9 오직 너희는 택하신 족속이요 왕 같은 제사장들이요 거룩한 나라요 그의 소유가 된 백성이니 이는 너희를 어두운 데서 불러내어 그의 기이한 빛에 들어가게 하신 이의 아름다운 덕을 선포하게 하려 하심이라.

이사야 60:19 네가 다시는 낮의 해를 네 빛으로 삼지 아니하고 달도 네게 빛을 비추지 아니할 것이요 오직 여호와가 네게 영원한 빛이 되시고 네 하나님이 네 영광이 되시리라.

이외에도 천지를 창조하실 때도 빛을 통해 만물을 생성하신 일 등

---

254 *7장 임사체험의 내용 중, 신성한 빛과의 만남* 참조.

하나님이 계신 곳에는 항상 빛이 있었다.

3. 삶의 재현(Life Rview)과 심판

우리가 앞의 제8장 삶의 회고에서 보았듯이 대부분의 임사체험자들은 체험 중에 자신의 삶의 회고를 경험했다. 여기서 보여 주는 특징은 때로는 사진을 보는 것처럼, 때로는 영화를 보는 것처럼, 관객의 시각으로 보기도 하지만 또한 그 현장 속으로 들어가서 실제로 경험하는 것처럼 느껴지기도 했다는 것이다. 그리고 단 몇 초 혹은 몇 분의 시간인데도 기나긴 인생 전체의 사건과 내용들을 볼 수 있고 체험할 수 있었다는 것이다.[255] 이러한 체험자들의 진술은 성경의 내용과 유사하다고 볼 수 있다. 성경시대에는 사진술, 영상이나 음성의 녹화술이 발달되지 않았기 때문에 책이나 문서에 기록된 것으로 표현을 했다.

계20:11-12 또 내가 크고 흰 보좌와 그 위에 앉으신 이를 보니 땅과 하늘이 그 앞에서 피하여 간 데 없더라. 또 내가 보니 죽은 자들이 큰 자나 작은 자나 그 보좌 앞에 서 있는데 책들이 펴 있고 또 다른 책이 펴졌으니 곧 생명책이라 죽은 자들이 자기 행위를 따라 책들에 기록된 대로 심판을 받으니.

계20:13 바다가 그 가운데서 죽은 자들을 내주고 또 사망과 음부도 그 가운데서 죽은 자들을 내주매 각 사람이 자기의 행위대로 심판을 받고

계20:15 누구든지 생명책에 기록되지 못한 자는 불못에 던져지더라.

롬2:6 하나님께서 각 사람에게 그 행한 대로 보응하시되.

....

255　Kenneth Ring. *Lessons from the Light.* (Newburyport. MA. New Page Books. 2006.) pp11-19.

고후5:10 *이는 우리가 다 반드시 그리스도의 심판대 앞에 나타나게 되어 각각 선악 간에 그 몸으로 행한 것을 따라 받으려 함이라.*

히브리서 9:27 *한 번 죽는 것은 사람에게 정하신 것이요 그 후에는 심판이 있으리니.*

성경에서 말하는 책이나 기록에는 우리가 이세상에 살았던 모든 행위가 기록되어 있다는 것이다. 그래서 그 행위에 따라 심판을 받는다는 의미이다.

이는 임사체험자들이 자신들의 과거의 모든 삶과 그 삶의 한 순간순간들을 보기도 하고 느끼기도 하고 그리고 그때 함께했던 사람들의 마음까지 알게 되면서 후회도 하고 자신을 뉘우치기도 했다는 내용들을 보면, 현장감 있게 삶을 회고하는 그 자체가 심판이 됨을 알 수 있다.

4. 초월적 지식과 인지능력

또다른 면에서 임사체험 자들의 진술과 성경의 내용이 유사한 것은 그들이 육체를 떠나 의식 내지는 영혼의 상태에서 경험한 것 중에는 초월적 지식이나 소통의 내용이다. 즉 그들은 짧은 순간에 엄청난 양의 내용의 지식을 습득하거나 깨달았다는 내용, 즉 예를 들면, 롬멜 박사가 만났던 한 체험자는,

내가 왜 암에 걸렸는지 확실히 알 수 있었고 왜 이 세상에 왔는지 우리 각자가 인생에서 어떤 역할을 했는지 알게 되었다. 그리고 그 순간 모든 것을 깨닫는 통찰력은 말로 표현할 수 없을 정도로 깊고 높았다. … 그리고 우주의 기원, 우주의 작동원리, 사람들은 누구며 무엇을 하는지, 사람들 간의 생각과 일들, 전쟁과

자연재해 원인, 모든 것이 한꺼번에 이해되었고 모든 과거, 현재, 미래까지 이해되었다. [256]

많은 체험자들이 진술하는 이러한 초월적 지식은 어떤 면에서 성경에 언급한 내용 즉,

고전13:12 *우리가 지금은 거울로 보는 것 같이 희미하나 그 때에는 얼굴과 얼굴을 대하여 볼 것이요 지금은 내가 부분적으로 아나 그 때에는 주께서 나를 아신 것 같이 내가 온전히 알리라는* 말씀과 견주어 볼 수 있다.

고린도전서 13:9 *우리가 부분적으로 아나 예언도 부분적으로 하거니와 온전한 것이 올 때에는 부분적으로 하던 것이 폐하리라*

요한일서 3:2 *사랑하는 자들아 우리가 지금은 하나님의 자녀라 장래에 어떻게 될지는 아직 나타나지 아니하였으나 그가 나타나시면 우리가 그와 같을 줄을 아는 것은 그의 계신 그대로 볼 것이기 때문이니라*

와 같은 말씀을 비교해 보면 임사체험자들이 경험한 그 초월적 지식의 세계는, 성경에서 몸을 떠난 영혼들이 천국에서 경험하게 될 사실과 많은 면에서 유사한 것을 볼 수 있다. 즉 부분적이던 것이 전체적이 되고, 희미한 것이 얼굴을 맞대하는 것처럼 분명하게 되고, 인간의 지식에 머물던 차원에서 요일3:2처럼 그리스도가 나타나실 때는 우리도 그와 같아진다는 말씀 등은 분명히 현재의 우리들의 차원에서 또 다른 차원의 지식과 감각의 경지에 이른다는 뜻의 말씀인 것이다.

....

256   Lommel. Ibid. pp33-35.

5. 사명의식

임사체험자 중에 많은 수가 아직 이 땅에서 할 일이 남아 있기 때문에 돌아가라 하는 말을 듣는 순간 몸으로 다시 돌아와 회생했다고 했다. 이러한 메시지는 다분히 성경의 내용과 일치한다고 할 수 있다. 그리고 회생한 후에는 대부분의 임사체험자들은 이 땅에서의 삶의 소중함을 알고, 변화되어 세속적인 삶은 멀리하고 비교적 영적인 삶에 치중할뿐더러 이타적인 삶을 추구하며 살아 갔다는[257] 진술들은 성경의 내용과 많은 면에서 일치한다.

행13:36에서 다윗은 하나님의 뜻을 좇아 섬기다 부르심 받았다고 했고, 빌1:23-25에는 바울 자신이 하나님의 사명이 있어 아직 이 땅에 있노라 했다. 요21:22-23에는 요한에게 부여한 사명이 따로 있음을 예수께서 말씀하셨다. 계11:7 이하에는 두 증인이 사명을 다한 후에 죽임을 당했다고 했다.

이처럼 임사체험의 내용들은 많은 면에서 성경의 내용과 일치, 또는 유사한 것을 볼 수 있으며, 체험자들은 과거에는 신앙에 등한시하거나, 혹은 무종교인으로 살았지만 회생한 후에는 신앙인으로 변하거나 영적인 삶에 더 치중하는 모습으로 변화되었다는 것은 그들이 체험 중에 만난 하나님, 예수님, 혹은 어떠한 신적인 존재가 바로 언젠가는 들었고 그들이 믿었던 성경의 하나님을 회상하게 했고, 그분을 통해 느낀 사랑과 포용과 용서, 그리고 무한한 영의 세계의 일부분인 자신을

257　Bruce Greyson. Ibid. pp186-193.

깨닫고 지고한 자존감을 회복한 것을 볼 때, 임사체험이야 말로 가장 효과적인 신앙회복의 경험이라고 할 수 있는 것이다.

제11장

임사체험과 하나님 그리고 천국과 지옥
(자살하면 지옥에 가는가?)

이 단원에서는 임사체험자들의 경험을 기독교적인 관점에서 관찰한 연구를 정리하려고 한다. 지금까지 살펴본 대로 임사체험이 인종, 문화, 시대, 종교를 넘어 보편적인 현상이며 또한 그러한 광범위한 다양성의 배경에도 불구하고 일률적인 패턴을 가지고 있으며 심지어는 어떤 부분은 거의 동일한 형태를 띄고 있다는 것에는 의심의 여지가 없었다. 그렇다면 기독교인으로서, 타 종교도 마찬가지 맥락이겠지만, 우리의 내세에 대한 신앙의 근거로 성경과 구전을 기반으로 삼고 있는 내용을 임사체험 연구에 적용해서 살펴볼 수도 있을 것이다. 이에 대해서는 이미 대부분의 임사체험 연구가들이 기독교 문화권인 서구사회의 전문가들로서 기독교 적인 신앙과 문화적 배경을 가졌던 탓에 그들 역시 이 부분에 관심을 갖고 관찰했다. 그 관계로 이러한 주제의 내용은 그들의 연구 중에서 쉽게 접할 수 있다.

대표적인 사람으로 현재 켄터키주 런던에 있는 「CHI Saint Joseph Health-Cancer Care Center」에서 종양외과 의사로 근무하고 있는 제프리 롱 박사이다. 그는 임사체험을 오랫동안 연구하면서 기독교인의 관점에서 그들이 하나님과 천국, 그리고 지옥에 대해 얼마나 정확히 경험했는가를 통계적으로 조사를 해서 2016년에 「하나님과 사후의 삶」(God and the Afterlife)이라는 제목의 책을 출간했다. 이하의 내용은 롱 박사의 연구를 중심으로 수록했다.

임사체험에서 만난 하나님

이미 앞에서 잠깐 임사체험자들의 내용을 다루면서 본 것처럼 대부분의 그들은 "신비로운 빛과 신성한 존재"를 만났다고 했다. 제프리 롱 박사는 그가 개설한 NDERF.org를 통해 수많은 사례들을 수집했다. 그리고 그가 특히 연구한 방법은 광범위한 체험자들의 사례를 유형별로 그리고 그 강도별로 분석하고 통계적으로 정리했다는 강점이 있다. 롱 박사는 최근에 임사체험을 한 420명을 대상으로 당신이 임사체험 중에 하나님이나 절대적 존재로 여겨지는 존재를 만난 적이 있습니까?라는 질문을 했는데 응답자 중 만났다고 대답한 사람은 191명(45.5%)였고, 확실치 않다라고 대답한 사람은 62명(14.8%), 그리고 아니요라고 대답한 사람은 167명(39.8%) 이었다고 한다.[258]

부루스 그레이슨 박사 역시 면담한 체험자 중 2/3 이상이 최소한 한 명 이상의 존재를 만났다고 했고 그리고 그들 중에 90%는 신성한 혹

---

258   Jeffrey Long. *God and the Afterlife.* Ibid. p38.

은 신 같은 존재를 만났다고 했다는 것이다.[259]

53세된 줄리아는 교회는 거의 다니지 않았지만 침례교 가정에서 성장했다. 그녀가 심장마비를 일으켜 사망했을 때 경험한 내용은:

먼저 예수님을 보았어요. 푸른 눈에 웃고 계셨어요. 예수님은 나에게 손을 내미셨어요. 그런데 기이하게도 말을 하지 않으시는데도 무슨 말을 하시는지 알았어요. 하나님 아버지가 나를 보고 싶어 하신다고 말씀하셨어요. 우리는 내가 이제까지 본 적이 없는 너무나도 아름다운 곳에 떠다녔어요. 너무나 평화로웠어요. 우리는 커다란 흰 구름 같은 곳으로 갔어요. 길고 하얀 수염에 하얀 긴 머리의 남자가 크고 하얀 정사각형 모양의 물건 위에 앉아 있었어요. 그분은 내가 그곳에 머물면 안 된다고 돌아가야 한다고 하셨어요. 이 땅에서 내가 더 필요하지만 곧 와서 그분과 함께 있을 수 있다고 하셨어요.[260]

22세된 수잔 잉그램은 자동차 사고를 당해 응급실로 향하던 중 사망했고 임사체험을 했다. 그녀는 신성한 존재를 창조자라고 불렀다. 그러나 그녀는 기독교에서 말하는 창조자라기보다 그냥 신성한 존재로서의 창조자라고 했다. 이 세상에서 완성하지 못한 일을 위해 되돌아가야 한다고 했다는 것이다.[261]

롱 박사는 대부분의 임사체험자들이 하나님(혹은 신성한 존재)을 만났다고 얘기하는 데는 거의가 공통점이 있다고 했다. 그리고 무엇보다 그러한 하나님이나 신적 존재를 만난 경험을 한 임사체험자들이 체험

259   Bruce Greyson. *After*. Ibid. p152.

260   Ibid. pp152-153.

261   Ibid.

후에 더욱 신앙적으로 변화된 것이 그 한 실증이라고 했다. 롱 박사의 통계를 보면, 420명의 임사체험자 중에 체험 전에 하나님의 존재를 확신했던 숫자가 164명(39%)이었는데, 체험 후에는 305명(72.6%)로 늘어났다. 하나님의 존재를 확신하지 못했던 사람, 혹은 의심했던 사람들 등 전체적인 통계 역시 하나님의 존재에 대해 체험 전에 확신했던 사람 평균은 60%였던 것이 체험 후에는 80%로 증가했다는 것을 볼 때 그들이 하나님을 만났던 사실을 증명해 주는 통계라고 할 수 있다는 것이다.[262]

또 하나 특이한 점은, 직접 형상으로서의 하나님이나 신성한 존재를 만나기도 하지만 체험자 중 또 다른 부류의 사람들은 그냥 빛이나 찬란한 광채로 만나기도 했다. 그레이슨의 연구 결과 체험자 중 1/3은 자신들이 믿는 신과 동일한 존재로 묘사했지만 나머지는 단순히 신적인 존재라고만 표현했다.

27세에 빙판에 미끄러져 견인차와 충돌해 사고를 당한 불가지론자로 자처했던 트레이시는,

나는 무소 부재의 표현할 수 없을 정도의 따뜻하고 사랑이 넘치는 빛에 완전히 둘러싸여 받아들여지는 느낌이 들었다. 거기서 흘러나오는 평온과 조건 없는 사랑은 말로 표현할 수가 없었다. 방해받지 않고 직접 전달되는 생각이 나의 존재의 모든 세포를 씻어 내고 있었다. 그분은 나이고 또한 내가 아니기도 했다. 나는 그분 안에 있고 그분의 일부였지만, 여전히 개별적이고 독특한 존재였다.

내가 마치 그분의 원자가 된 듯 빛과 소리의 존재에게 대단히 소중한 존재라

---

262   Jeffrey Long, Ibid. p40.

는 사실을 알 수 있었다. 마치 바닷물 한 방울은 비록 바다는 아니라도 바다의 본질이고 바닷물 한 방울 한 방울이 없이는 바다가 완전하지 않은 것처럼 그런 관계와 같았다. 그분은 나에 대해 내 내면까지 알고 사랑하시는 듯 나도 순수하고 완전하게 그분을 사랑하였다. [263]

이러한 신적 만남에서 그들이 느꼈던 체험은 살아 있을 때 그들의 신앙이나 문화적 배경과 연관이 있을 경우도 혹은 전혀 연관이 없을 경우도 있었다. 아니타 무르타니라는 여성은 불교, 이슬람, 힌두교 등 복합 종교의 배경인 싱가포르에서 힌두교 가정에서 태어났다. 다음에 홍콩으로 옮겨서는 좋은 교육을 받기 위해 가톨릭 계통의 학교를 다녔다. 그녀가 성년이 되었을 때 림프종에 시달리다. 죽음에 이르게 되었다. 그리고 그녀는 임사체험을 했다.

임사체험에서 나는 모든 것의 근원과 하나가 되었다. 너무나 분명했고 내 체험의 성격 때문에 본질적으로 하나라는 것을 깨달았다. 세상의 모든 것은 하나에서 나와 분리되었다가 다시 하나로 되돌아간다는 것을 깨달았다. 나는 그 근원을 하나님이나 다른 종교에서 말하는 신이라 부를 수도 있다고 생각한다. 그리고 이 무한한 근원은 우주의 근본이고 결국 하나라는 것을 알았다. [264]

28세에 다발성 위궤양으로 많은 양의 피를 토하고 심장이 멈추었던 재니스 블라우스는 자신을 언제나 무신론자라고 자처하며 살았다. 그러나 그녀가 임사체험을 하면서 예수를 만났다고 했다.

263   Bruce Greyson. Ibid.
264   Ibid. pp157-158.

간략히 몇몇 체험자들의 경우를 보았듯이 그들은 대부분 하나님이나 신적인 존재를 만나므로 인해 소생 후에는 신앙을 갖거나 더욱 신앙에 심취하게 되었다는 사실은 그들의 진술들이 사실에 가깝다는 것을 인정할 수 있다.

이 부분에 대해 직접 수많은 임사체험자들을 면담하고 연구한 그레이슨 박사는 자신이 과학자의 집안에서 성장하면서, 또 자라서는 과학자로 살면서 신앙에는 등한했고 신적 존재에 대한 관심이 없는 한 사람으로 임사체험자들의 신적 만남에 대한 진술들이 많이 불편했다고 한다. 특히 그들의 진술들을 과학적으로 검증할 수 없었다는 것에 그는 더욱더 마음이 편치 않았다고 했다. 그러나 그는 말하기를,

 라고 했다. [266]

265   Greyson. Ibid. p256.

266   Ibid. p260.

더욱이 우리가 주목할 만한 부분은 대부분 체험자들은 그들이 만났던 존재에서 평화롭고, 평안하고, 고요하고, 감사하고, 무엇보다 끝없는 사랑의 감정을 느꼈다고 했으며 가장 강조한 것이 사랑이란 단어였다. 이는 성경의 표현과 어느 정도 일치한다. 하나님은 사랑이시라는 것이 성경 전체의 가장 중요한 주제이며, 우리는 그 사랑 때문에 존재한다는 것이 성경의 핵심이다. 비기독교인들이었지만 그들이 느낀 그 느낌들은 성경에서 말하는 하나님의 성품과 속성의 요소들을 모두 품고 있었다는 것에 우리는 주목해야 할 것이라고 생각한다.

임사체험과 천국

하버드 의대의 신경외과 의사였던 이븐 알렉사더 박사는 자신이 뇌막염으로 혼수상태에서 임사체험을 한 후 「나는 천국을 보았다」라는 베스트 셀러의 작가가 되었다. 그는 말하기를 천국에는 지상에서와는 비교할 수 없는 현실 중에 현실 같은 모든 풍경들이 그대로 있었다고 했다. 각종 꽃들이 만개한 푸른 들판, 그리고 장엄한 숲, 강과 폭포수 그리고 밝고 밝은 빛과 동물과 곤충들….[267]

많은 경우 기독교적인 배경과 기독교 문화권의 사람들의 임사체험에는 그들의 신앙과는 무관하게 그들이 경험한 아름답고 완벽하고 깨끗한 그곳의 경험을 천국이라고 묘사했다. 또한 그러한 아름다운 자연

<hr>

267 이븐 알렉산더. *나는 천국을 보았다*. 고미라역. (서울. 김영사. 2020.) pp57-59, 102.

환경과 빛 가운데서 신적인 존재, 혹은 하나님을 만났다고 묘사했다.[268] 그리고 그들이 보고 경험했던 그 곳은 환상이나 희미한 영상이 아니라 현실보다도 더 현실적인 곳이었다고 증언하고 있다.

롱 박사가 체험자들을 면담한 내용을 정리한 것을 보면, 그곳은 압도적으로 아름다운 곳, 그리고 지극한 하나님의 사랑을 느낀 곳, 또한 지구에서처럼 숲과 개울과 산, 그리고 구름이 있으며 지구의 환경과 비교하면 흑백 화면과 천연색 화면과의 차이라고 했다. 모든 것이 선명하고 모든 색상은 마치 내부에서 뿜어져 나오는 것 같은 느낌을 받았다고 한다.

장로교 가정에서 성장한 주디 프리얼은 24세 때 심한 발열과 고통으로 병원 침대에서 갑자기 유체이탈을 경험했다. 그리고 그녀는 다음과 같은 경험을 했다.

내가 간 곳은 천국이었다. 성경에서 말하는 천국과 비슷하고 교회에서 가르치는 것과 같아 나는 그곳이 천국이라는 것을 알았다. 나와 모든 사람이 평화롭고 행복하고 전혀 고통이 없는 곳이었다. 나는 그곳에서 일하는 사람들을 보았는데 웃고 노래하며 즐거워하고 있었다. 몇몇 사람들은 내가 아는 사람들이었다. 모든 사람들이 새하얀 빛나는 옷을 입고 있었고, 거리와 저택들도 보였는데 모든 게 순금으로 반짝였다. 나는 줄을 길게 서 있는 대열에서 하나님 보좌 앞으로 가는 길에 서서 내 인생을 얘기해 보라는 요청을 받고 있었다.[269]

268   Jefferey Long. *God and Afterlife*. Ibid. pp135-136.

269   Bruce Greyson. Ibid. p140.

도티 부쉬는 25세에 출산 중에 과다 출혈을 일으켜 혼수상태에 빠졌다. 그녀는 그때 임사체험을 했다.

마지막 기억은 내 혈압이 떨어졌다고 의사에게 서두르라고 마취사가 소리지르는 것을 들었다. 그다음 나는 아름다운 곳에 서 있었다. 그곳이 천국이라는 걸 알았다. 너무나 평화롭고 아름답고 사랑스러운 음악과 꽃들이 있었다. 이 땅에서 보는 것보다 몇 배는 더 아름다웠다. 그런 곳에 있으니 돌아오고 싶지 않았다. 그때 누군가가 내게 말을 했는데 얼굴은 보이지 않았지만 그분이 예수님이란 것을 알았다. "도티야 너를 지상에 남긴 것은 목적이 있어서야."라고 하시면서 모든 것을 알려 주셨다. 왜 십자가에서 돌아가셨는지도 말씀해 주셨는데 교회에서 배운 것과는 좀 달랐다. 그리고 나는 그분의 말씀을 모두 깨닫게 되었고 그분이 말씀을 마치자 나는 더럽고 추한 땅으로 돌아왔다. 그리고 이곳은 너무나 그곳과 대조적이었다.[270]

체험자들은 아름다운 자연 환경뿐 아니라 웅장하고 거대한 도시를 경험하기도 했다. 10대 시절 스쿠터를 타다가 언덕길에서 제어를 하지 못하고 콘크리트에 머리를 부딪혀 사망했던 경험이 있었던 W. Mike는 그때 경험을 회상하며 말했다.

나는 원만하게 경사진 언덕 옆에 있는 이 세상 밖의 한 곳에 있었다. 잔디는 마치 오랜 시간 바람에 휩쓸린 것처럼 언덕 위에 펼쳐져 있었다. 내 옆에는 희색의 눈부신 옷을 입은 누군가가 서 있었고 하늘은 나의 뒤와 양쪽에 보였고 어두웠지만 내 앞에는 빛이 있었다. 언덕 너머로는 아침에 떠오르는 태양 같은 하얀

---

270   Ibid. p141.

빛이 비추고 있었다. 내 옆에 있던 천사 같은 사람이 내 손을 잡고 천천히 그 빛으로 나아갔고 다음 순간 나는 과거와 현재, 그리고 미래까지 다양한 나의 삶을 보고 있었다. 마치 입체 영화를 보는 것처럼 모든 장면들이 선명하게 보였다. 열다섯 살이 될 때까지 그리고 그 이후의 나의 모습도 보였다. 그리고 그 언덕 아래에는 태양에 비치는 마치 다이아몬드로 만들어진 것 같은 반짝이는 웅장한 도시가 보였다. 마치 동화 속의 도시처럼 느껴졌다. 그때 그 천사처럼 보이는 사람이 나에게 신성한 도시에 들어가고 싶니? 라고 물었다. 나는 그곳에 들어가고 싶었지만 한편에서 나를 위해 울면서 기도하는 가족들의 모습이 보였다. 그리고 하나님께서 나를 위한 계획을 가지고 계셨다는 것이 느껴지면서 돌아와야 하겠다는 생각이 들었다.[271]

임사체험자들은 천국의 아름다운 광경뿐 아니라 천상의 음악을 들었다고 한다. 그 음악은 이 세상에서 들어 보지 못한 장엄하고 아름다운 음율이었다고 하며 그 음악의 기억들은 오래도록 잊히지 않는다고 한다. 난(Nan)은 약물 과다 복용으로 사망해 임사체험 중에 들은 음악을 얘기했다.

내가 빛에 가까워졌을 때 나는 흰색 가운을 입은 수만 명의 존재들이 모두 빛을 마주하고 이전에 들어 본 적이 없는 음악을 부르는 것을 보았다. 그들은 빛을 예배하며 빛을 찬양하는 노래를 불렀다. 그 음악은 가장 압도적이며 표현할 수 없는 아름다운 음악이었다. 그리고 북받치는 감정을 일으켰다. 그때 어떤 남성의 목소리가 들렸는데 지상의 존재로 돌아가라는 소리였고 나는 마지못해 머리

271   Ibid. pp132-133.

를 통해 내 몸으로 돌아왔다. [272]

이와 같이 대부분의 체험자들은 우리가 쉽게 이해할 수 있는 천국의 모습들을 경험했고, 그 광경은 성경에서 언급된 천국의 모습과 많은 부분이 비슷한 것을 볼 수 있다. 그리고 그곳에는 시각적인 광경뿐 아니라 바람과 따스한 햇살과 빛과 그리고 장엄한 음악이 있는 곳이었다. 그곳의 물은 지상의 어떤 물보다도 맑고 깨끗했고, 그곳의 꽃들은 어떤 색으로도 흉내 낼 수 없는 아름다운 색이었으며, 뿐 아니라 길과 건축물들은 거의가 금이나 보석으로 된 것이라고 했다. 이는 성경 요한 계시록에 수록되어 있는 천국과 하나님의 보좌에 대한 묘사와 많은 부분에서 일치하는 것을 볼 수 있다. (계21:-22)

임사체험과 지옥

부루스 그레이슨 박사는 1970년대 말경부터 본격적으로 임사체험에 대한 연구를 시작했다. 시간이 지남에 따라 더 많은 임사체험자들을 면담했는데 20여 년이 지나면서 특이한 점을 발견하게 되었다. 그것은 대부분의 임사체험자들은 즐겁고 행복한 경험을 하는 반면 일부의 체험자들은 정 반대의 경험을 하는 것을 발견했다. 그레이슨의 통계에 의하면 자신이 면담한 임사체험자 중에 86%는 행복하고 좋은 경험을 했으며, 그중에 8%는 그렇지 않은 경험을 했고, 6%는 어느 쪽도

272　Jeffrey Long. *God and the After Life.* Ibid. p146.

아니라고 대답했다.[273] 그레이슨 박사는 자신의 견해로는 무섭고 괴로운 경험을 한 체험자들은 경험을 말하지 않았을 가능성이 높기 때문에 무서운 경험자들 역시 많을 수 있다고 했다.

제프리 롱 박사 역시 그가 설문한 1122명 중에 722명(64.3%)은 멋진 경험(천국과 같은)을 했고, 360명(32.1%)은 두개가 혼합된 경험을 했으며, 무서운 경험을 한 사람은 40명(3.6%)이었다고 했다.[274] 이에 대해 그레이슨 박사는 무서운 경험자와 행복한 경험자가 왜 그런 경험을 했는지는 연구상 알 수 없다고 했다. 성스러운 삶을 살았던 16세기 아빌라의 성녀 테레사, 십자가의 성 요한, 그리고 20세기 인도 켈거타의 성녀 테레사 등은 죽어 영혼이 겪는 어두운 밤이 있다고 고백하므로 그들 역시 성스러운 삶을 살았음에도, 무서운 사후 경험을 예견했다고 했다.[275]

다음은 지옥 같은 임사체험을 한 예이다. 26세 때 수면제 과다 복용으로 자살을 시도했던 브렌다는:

의사가 얼굴을 가까이 대더니 내가 죽어 가고 있다고 말했다. 그 다음 내 몸이 미끄러져 내려가는 느낌이 들었다. 비스듬히 기울어져서 몸은 아래로 내려갔다. 그곳은 춥고 어둡고 축축했다. 바닥에 닿았을 때 동굴 입구 같았고 거미줄이 매달려 있는 것처럼 보였다. 동굴 안은 회색과 갈색이었고 비명과 울부짖음, 그리고 신음과 이를 가는 소리가 들렸다. 머리와 몸은 인간을 닮은 형체 같은 존재들

273   Bruce Greyson. Ibid. p142.

274   Jeffery Long. *God and the After Life*. Ibid. p163.

275   Ibid. p143.

이 보였고 험악하고 기괴하게 보였다. 붉은색, 녹색, 자주색 같은 색갈이 보였다. 그들은 무시무시했고 고통 속에서 괴로워했다. 그들 중 아무도 내게 말을 걸지 않았다. 동굴 안에 들어가지 않고 입구에 서서 나는 '여기 있고 싶지 않아'라고 말했다. 스스로 거기서 벗어나려고 안간힘을 썼던 기억이 마지막 기억이다.[276]

브렌다는 이러한 임사체험 후 회복해 치료받고 갱생모임에 참가해서 완전히 건강을 회복했다. 그녀는 죽음이 끝이 아니라는 사실을 깨닫고 그 후 우울증과 약물 남용에 시달리는 사람들을 위한 심리 상담자가 되었다.

켓 던클은 26세에 자동차 사고로 간에 심한 손상을 입고 응급실에 실려 갔고 의사들의 치열한 노력에도 불구하고 사망하게 되었다.

마지막 숨을 내쉬는 순간 나는 터널 아래로 내던져지는 것을 느꼈다. 그러자 바닥이 꺼지면서 온몸이 타들어 가는 듯한 끔찍한 고통과 함께 완전한 어둠 속으로 떨어졌다. 다른 사람들의 비명이 들렸고 내가 지옥에 있다는 것을 알게 되었다. 달아날 길이 없고 내 몸이 불타며 완전한 어둠 속에서 비명을 질렀다. 나는 하나님께 도와 달라고 소리쳤지만 내 소리가 들리지 않고 아무도 내가 그곳에 있는 사실조차도 모르는 것 같았다. 계속해서 나는 어두운 아래로 떨어지면서 끔찍한 살이 타들어 가는 고통을 느꼈다. 사람들의 비명 소리가 들렸지만 어둠밖에 보이는 것이 없었다. 이것이 영원히 계속될 것이라는 생각이 들면서 완전한 절망에 빠졌다. 나는 그때 하나님을 스스로 믿지 않기로 선택했기 때문에 내가 지옥에 떨어졌다는 것이 깨달아졌다. 그때의 나의 공포는 말로 표현할 수

276   Ibid.

가 없다. 나는 영원히 하나님과 분리된 채 어둠과 고통 속에 있다는 처절한 절망
에 빠졌다. 그때 나는 나를 용서해 달라고 하나님께 부르짖었다. 이곳에서 내보
내 달라고 외쳤다. 그러자 즉시로 살이 타들어 가는 고통이 멈추었다. 그 순간
하나님이 계시다는 것이 한순간에 믿어졌다. 그리고 평화의 감정이 몰려왔고
공포, 고통, 불안이 사라졌다. 그리고 나는 의심 없는 신앙인으로 변했다.[277]

케슬린은 스트리키닌이 들어 있는 음료를 마시고 갑자기 고통속에
숨이 멎었다. 그리고 그녀는:

나는 죽어 있다는 것을 알았다. 하나님은 계셨지만 나는 믿지 않았다. 그분은
나와 함께 계셨지만 나는 알지 못했다. 극도로 고통스럽고 참을 수 없는 소음이
들리기 시작했다. 울고 통곡만 하는 수많은 영혼들의 목소리가 들렸다. 소리는
점점 더 가까워져서 수백만 명이 부르짖는 소리가 들렸다. 참을 수 없어 그곳을
떠나려고 했지만 나의 부르짖는 소리도 들리지 않았다. 하나님 도와주세요! 그
때 거대한 손이 내려와 나를 그 깊은 곳에서 들어 올렸다. 나는 정신이 번쩍 들
었고 고통스러운 비명들은 사라지고 다른 곳으로 가고 있다는 것을 알았다. 여
러 사람들과 마주했는데 그들은 내게 걱정하지 말라고 위로했다. 그리고 멀리
떨어져 있는 어떤 남자와 예기를 했는데 즉시 내 앞에 나타났다. 목소리는 들리
지 않았지만 그의 의식이 내 의식 속으로 옮겨졌다. 나는 내가 어떻게 그곳에 있
게 되었는지 물었고 그분은 내가 함께 있기를 바라며 나의 창조자라고 하셨다.
나는 당신과 이런 아름다운 곳에 있을 자격이 없다고 말했고 그분을 나를 아신
다고 하셨다. 내가 무엇이든 여전히 그분의 창조물이자 그분의 자녀이며 그분

---

277   Greyson. Ibid. pp143-144.

일련의 연구 결과 이러한 나쁜 임사체험을 경험한 사람들은 대체적으로 세 가지 유형이 있었다고 한다.

첫째는, 역행하는 경험, 즉 부정적인 상황의 감정이 엄습해 오는 것을 경험했다는 것이다. 한 남성은 낙마로 순간적 사망 상태에서 어둠 속을 날아갔고 죽은 가족처럼 보이는 그늘진 사람들이 기다리고 있는 곳에 갔으며 기괴한 상황과 환경 때문에 공포에 질려 있었다고 했다.

한 여성은 몸과 분리되어 엄청난 속도로 우주로 날아갔고 작은 빛의 공이 그녀를 향해 돌진하는 것을 보았는데 그 공은 점점 커져서 충돌의 위협을 느꼈고 또한 하얀 빛이 다가와 눈을 멀게 하며 집어삼켜지는 경험을 했다. [279]

두 번째는, 공허함의 경험인데, 외로움, 고립, 소멸과 같은 파괴적인 경험을 한 것이다. 한 여성은 출산 중에 과다출혈로 임사체험을 하는 중에 하늘에서 불빛이 비명을 지르고 있었고 악몽이 연출되었다고 했다. 그리고 스스로 빙빙 돌면서 외로움, 공허함, 우주의 광활함 속에 홀로 버려진 무서움을 경험했다.

자살을 시도했던 한 여성은 공허 속으로 빨려 들어가는 느낌을 받으면서 극도의 공포를 느꼈다. 그리고 그 상황이 영원히 계속될 것이라는 절망감을 느꼈다고 했다. [280]

278 Jeffery Long. *God and Afterlife*. Ibid. pp159-161.

279 John C. Hagan III. Ibid. pp94-95.

280 Ibid.

세 번째 유형은 완전한 지옥을 경험한 경우로, 심부전 때문에 사망에 이르러 임사체험한 한 남성은 자신이 갑자기 지구 깊숙한 곳으로 떨어지는 느낌을 받았고 그곳에는 녹슨 문들이 있었는데 그 문으로 들어가면 지옥이라는 생각이 들었다고 한다.

장 파열을 겪은 한 무신론자 대학교수는 악의 적인 존재들에 의해 무참히 폭행을 당하고 살이 찢어지는 아픔을 경험했다고 했다. 산부인과에서 과다 출혈로 임사체험한 여성은 회색 기구를 가진 끔찍하게 생긴 존재들이 자신을 붙잡고 발톱을 뽑는 엄청난 고문을 했다고 했다. 그때 경험한 그 고통과 비명과 악취는 수십 년이 지나도 잊히지 않는다고 했다.[281]

이와 같은 지옥 경험의 임사체험은 전체 비율로 볼 때 1%~8% 정도 되지만 실제로는 그레이슨의 의견처럼 더 많을 것으로 추정한다. 대부분의 나쁜 경험을 한 사람들은 잊기를 원하고 또 종교적으로 좋지 않은 이미지를 주기 때문에 말하기를 꺼려 하는 이유 때문이라고 제프리 롱 박사도 말했다.[282]

여러 차례 이러한 임사체험 연구가들은 과학자의 입장에서 기독교적이면서 교리적 관점과는 상관없이, 자신들의 연구결과 지옥경험을 한 경험자들이 반드시 질적으로 나쁜 삶을 살았던 사람들이 아니었다고 증언하고 있다. 오히려 그들이 경험 당시에 처했던 부정적인 상황

---

281   Ibid.

282   Jeffrey Long. Ibid. p163.

과 정신적 상태에 의해 영향이 있는 것으로 평가하기도 했다.[283]

이에 대해 바바라 로머(Barbara Rommer,M. D.) 박사는 부정적인 임사체험을 연구한 결과 그 원인을 세가지로 구분했다. **첫째**는 체험전에 가졌던 생각이나 신념, 그리고 잘못된 선택 등에 대해 다시 생각하게 하는 교훈적 의미. **두 번째**는, 사랑받지 못한 나쁜 경험 **세 번째**는, 어린 시절 부정적인 상황의 각인에 의해 발생했을 가능성이 높다고 했다.[284]

이에 대하여 롱 박사는 나쁜 임사체험을 한 원인보다는 체험 후 그 결과에 초점을 맞추면서, 나쁜 경험을 한 체험자들 역시 체험 후 긍정적이고 적극적인 삶의 변화를 가져왔으며 심지어 일부 나쁜 경험자들은 그 경험이 큰 선물이었다고 표현을 했다는 것이다.[285]

이처럼 나쁜 임사체험 혹은 지옥의 임사체험을 한 사람들이 모두 자살을 시도했다거나, 악한 삶을 살았던 사람들은 아니었다는 것이 연구가들의 의견이었으며, 다만 나쁜 임사체험의 원인으로 그들이 관심있게 본 것은 그들의 삶과, 부정적인 정신적 상태와 관련이 있을 것으로 추측했다는 것이다. 이러한 의견은 자살자들이 나쁜 임사체험을 할 가능성이 높았을 것으로 또한 추측할 수 있으며, 또한 악한 삶을 산사람이 죽음의 순간에 부정적이고 절망적인 정신적 공황 상태에 있을 가능성이 높을 것으로 생각하면 충분히 일리가 있는 관찰이라고 할 수 있

---

283 Ibid. p164.

284 Ibid. p165.

285 Ibid.

다. 다만 임사체험 연구 한 가지만으로 자살한 사람이 반드시 지옥에 가고, 악한 삶을 산사람이 반드시 또한 지옥에 간다고 단정할 수 없다는 것이다. 이러한 연구 결과의 원인은, 대부분의 임사체험 인터뷰에 응한 사람들은 평범한 삶을 살았던 사람들이며, 극히 악한 삶을 살았던 사람들이나 독제자들처럼 극악한 사람들은 거의 없었다. 그러나 앞에서 살펴본 여러 경우를 통해 자살을 시도했던 사람들이 사후에 어떤 경험을 했던가를 어느정도 추측할 수 있는 좋은 연구였다고 할 수 있다.

여기서 한가지 부언할 사실은, 악한자가 지옥에 간다는 전통적인 개념을 뒷받침 하는 중요한 근거로, 삶의 회향(Life Review)을 들수 있다. 즉, 임사체험중에 가장 보편적이고 대표적인 사건인 삶의 회향 에서 체험자는 자신의 전체 삶을 돌아 보며 체험하게 되는데, 체험중에는 자신으로서의 경험뿐 아니라 그 때 그 순간 자신과 타인의 모든 감정, 느낌, 고통, 원한까지 생생하게 체험하게 된다고 했다. 즉, 자신이 고통을 준 사람의 마음과 느낌과 감정을 그대로 느낀다고 했다. 대부분의 체험자들이 여기서 자신의 죄와 잘못을 뼈져리게 느끼게 되고 심지어는 더 이상 보고, 경험 하고 싶지 않음에도 끝까지 보아야 하는 고통을 받게 된다는 것이다. 이때에 체험자는 물리적이거나 외적인 고통보다도 더 극심한 정신적인 고통을 받게 되며, 심지어는 스스로 지옥에 가려는 충동까지 받게 된다고 했다. 뿐 아니라 어떤 체험자는 Life Review와 동시에 끔찍한 지옥의 고통을 받았다고 진술하기도 했다. 이것은 바로 육신으로 사는 삶의 결과를 육체를 벗은 후에 그대로 받게 된다는 하나의 중요한 단서가 되는 사건이라고 볼수있다.

임사체험자에 대한 기독교적 설문(47명의 임사체험자 대상)

질문 내용	응답	보수적 기독교인 (22명)	자유주의 신앙인 (13명)	신을 믿는자 (12명)
그기에는 하나님이 계셨다	예 잘 모르겠다	100%	100%	92% 8%
죽음후에는 또다른 삶이 있다	그렇다 잘 모르겠다	100%	85% 15%	92% 8%
그기는 천국이 있었다	그렇다 없다 잘 모르겠다	100%	92% 8%	75% 8% 17%
그기에는 지옥이 있었다	그렇다 없다 잘 모르겠다	100%	46% 54%	25% 50% 25%
성경은 하나님의 영감으로 된것이다	그렇다 아니다 잘 모르겠다	100%	69% 23% 8%	33% 50% 17%
성경은 사람이 기록한 것이며 오류가 있을수 있다. 문자적 진리는 아니다	그렇다 아니다 잘 모르겠다	 91% 9%	46% 17% 37%	75% 17% 8%
성경은 절대로 오류가 없다	그렇다 아니다 잘 모르겠다	86% 5% 9%	8% 54% 38%	9% 83% 17%
예수 그리스도는 하나님의 아들이며 다른 어떤 종교 지도자 보다 위대하다	그렇다 아니다 잘 모르겠다	100%	100%	 83% 17%
사후에 천국에 가려면 예수그리스도를 구세주로 받아 들이는 것이 필수적이다	그렇다 아니다 잘 모르겠다	100%	38% 46% 16%	8% 92%
예수를 구세주로 받아 들이지 않으면 사후에 지옥에 간다	그렇다 아니다 잘 모르겠다	86% 5% 9%	 62% 38%	8% 92%
그기에는 사탄이 있었다	그렇다 아니다 잘 모르겠다	100%	69% 31%	25% 67% 8%

[Michael Sabom. Light and Death. One Doctor's Fascinating Account of Near-Death Experiences.(grand rapids. Michigan. Zondervan. 1998)pp229-230

제12장

임사체험에 대한 기독교적 관점

지금까지 우리가 함께 살펴본 임사체험은 시공간 안에 물리적 세계에서 살아가는 우리들에게는 대단히 이질감이 느껴지는 신비로운 내용들이 대부분이다. 당연히 임사체험은 육체의 죽음 이후에 일어나는 현상이기 때문에 물리적인 법칙이나 원리를 초월한 것들일 것이다. 그런 면에서 신앙을 가진 사람들에게는 많은 면에서 공감하거나 친밀한 내용도 적지 않은 것이 사실이다.

다만 한 가지 중요한 사실은 전통적인 기독교적 관점에서 볼 때 공감하는 부분도 있지만 또한 대단히 이질적인 부분들이 포함되어 있다는 것이다. 이로 인해 전통적인 기독교 안에서는 임사체험에 대해 긍정적인 자세보다는 오히려 부정적인 태도가 더 많은 편인 것 같다고 생각한다. 심지어 일부 목회자들이나 신학자들은 앞에서 언급한 레이먼드 무디박사가 경험한 것처럼[286] 악한 영의 혼란스런 장난이라고 하

286　Raymond Moody. *Lift After Life*. (New York. Harper One. 2015) p148. (제9장 참조)

며 금기시하는 면도 없지 않다.

이에 대해 나는 다음과 같이 그 내용을 정리하면서 나름대로 기독교적 관점에서 임사체험에 대해 우리가 어떤 태도를 갖는 것이 바람직한가를 몇 가지 제안하려고 한다.

임사체험에 대한 문제제기

1. 임사체험의 내용 중에는 소위 말해 종교 다원주의 내지는 범신론 적인 내용이 포함되어 있다는 것이다

즉 기독교인 이건 아니건, 타 종교인이건 무신론 배경을 가진 사람이건 상관없이 임사체험 자들은 마치 천국의 환경과 같이 평화와 사랑과 위로와 기쁨의 경험을 했다는 사실과 그들이 하나님과 같은 신적인 존재를 빛가운데 만났다는 내용이다.

전통적 기독교에서는 예수 그리스도에 대한 분명한 믿음이 구원의 선재 조건이며 육체의 죽음 이후에는 다시 회개할 기회가 없다는 교리를 가르친다. 이를 근거로 하는 성경은 히브리서 9:27 *한 번 죽는 것은 사람에게 정해진 것이요 그 후에는 심판이 있으리니.* 라는 말씀과, 눅16:19-30에 나오는 부자와 거지 나사로의 비유이다. 즉, 죽은 다음에는 회개할 기회도 없으며 구원을 받을 기회가 없다는 내용이다.

이에 비해 임사체험자들은 그들의 신앙에는 상관없이 천국과 같은 환경에 들어 갔다는 것은 기독교적으로는 구원을 받았다는 뜻으로 해석을 할 수 있고 이는 명백히 기독교의 구원관과 정면으로 충돌하게 된다.

2. 체험자들 중에 높은 비중으로 그들은 신적 존재를 만났다고 했는데 그 존재가 기독교의 하나님과는 상관없는 어떤 신적 존재라고 표현한 체험자가 있다는 사실을 기독교에서는 받아들일 수 없는 것이다

특히 그들이 묘사한 신적 존재는 어떤 면에서 성경에서 묘사하는 하나님의 속성을 다분히 내포하고 있기 때문이다. 기독교는 유일신 하나님을 믿으며 하나님 외에는 이 세상에 어떠한 신도 없다는 것을 믿는다.

3. 또한 체험자들은 이전에 사망한 가족이나 친척들 혹은 친지들을 만났다는 증언이다

물론 성경에서는 이러한 내용을 자세히 다루지 않지만 항상 전제로 하는 것은 신 불신이 죽음다음에 처소를 가름하는 기준이기 때문에 신앙의 여부에 따라 만날 수 있는 확률이 결정되는 것으로 믿고 있다. 그렇기 때문에 자신과의 인간적인 관계와는 상관없이 사후에 만날 수 있는 가능성이 전적으로 신 불신으로 결정된다는 것을 믿는다. 다시 말해 믿는 자는 사후에 믿었던 사람을 만나게 된다는 것이며 아무리 가족이라도 믿지 않았던 사람은 사후에 만날 수 없다고 믿고 있다.

4. 또한 가장 성경의 내용과 상반되는 부분은 구원받은 자들의 백분율이 성경의 내용과는 전혀 다르다는 것이다

즉 임사체험 연구가들의 결론은 전체 체험자 중 대부분이 천국과 같은 체험을 했으며 그중에 1%~8% 혹은 그 이상만이 지옥과 같은 경험을 했다고 했지만, 성경에서 예수님의 가르침 중에는 여러 곳에서 오히려 적은 수가 구원받을 것이라는 암시가 있다. 눅13:24에는 구원 얻는 자가 적은가라는 제자들의 질문에 *좁은 문으로 들어가기를 힘쓰라 내가 너희에게 이르노니 들어가기를 구하여도 못하는 자가 많으리라* 하신 것처럼 여러 곳에서 이러한 의미의 말씀을 하셨다. 이것 역시 성경의 가르침과 상반되는 주장이 임사체험 연구자들의 결론이다.

진실에 근접하기 위한 고무적인 우리의 자세

1. 임사 체험의 내용을 성경과 대등한 위치에 놓고 택일하는 오류를 범하지 말아야 한다

임사체험은 개개인이 체험한 특별한 경험이며 현상이다. 그렇기 때문에 그 내용이 어느 정도 일관성은 있지만 모두가 꼭 같은 것이 아니다. 성경을 믿는 다는 말과 임사체험을 받아들인다는 말은 다른 말이다. 즉 신비적 체험을 신앙의 근거로 혹은 믿음의 중심으로 받아들이는 것이 결코 아니다. 이런 이해를 가지는 것이 왜 중요한가 하면, 체험자들이 만났던 신적인 존재가 과연 하나님인가? 체험자들이 경험한 천국과 같은 경험이 과연 천국인가? 그리고 그들이 그런 천국과 같은 체험을 한 것이 기독교에서 말하는 구원인가? 하는 내용을 굳이 밝히려고 노력하는 것은 헛된 일이기 때문이다. 그 진실은 우리가 정말로 육체를 벗어난 사후에 가서야 알게 될 것이고 밝혀지게 될 것이기 때문이다.

다만 적어도 전세계 인구의 15%-25%의 사람들이 경험하는 임사체험은 결코 허황된 환상이 아니라 사람의 사후에 일어나는 하나의 일상적 현상이라는 것에 대해 인정하는 자세가 진실에 접근하는 올바른 태도이며 특히 과학적 지식을 수용하는 자세라고 생각한다.

2. 성경은 철학이나 논리나 교리를 다루는 책이 아니라 우리가 믿는 종교의 경전이기 때문에 지나친 교리화는 오히려 진리를 외곡시킨다

물론 전통적인 기독교에서 가르치는 교리는 성경을 근거로 수립된 것이다. 그렇다고 해서 교리가 곧 성경은 아니다. 심지어 전통적인 기독교 내에서도 서로 간에 교리적 차이가 있으며 그럼에도 공존하는 이유이다.

기독교의 경전인 성경은 수많은 시대 동안에 구전으로 전해 오는 내용을 기록한 것으로 처음에는 여러 부류의 책이 있었다. 그러나 오랜 세월동안 유대전통에서 오늘날 39권의 구약이 성경으로 완성되었고 이를 종교 개혁이후 정식으로 성경으로 공인했다. 신약 성경은 주후 3세기경부터 로마 공의회, 히포 공의회, 카르타고 공의회 등을 거치면서 27권의 성경을 확정했다. 그러나 내용상 혼란스럽고 획일성이 없는 그 외의 책들은 오늘날의 성경에서 제외되어 외경이나 위경으로 분류

되었다.

그러나 초기 기독교 시대, 아직 성경의 섬별이 완성되지 않은 시기에는 오늘날 우리가 말하는 위경이나 외경 같은 책들이 포함되어 있는 헬라어로 된 70인경 같은 성경도 기독교인 들에게 읽혔고 이러한 영향으로 오늘날 우리가 가진 성경에 그 흔적이 남아 있다.

한 예를 들면, 벧전3:17 이하에 나오는 예수님께서 영으로 지옥에 있는 영들에게 복음을 전하셨다는 말씀, 벧전4:6 죽은 자들에게도 복음이 전파되었다는 말씀, 그리고 유다서9절에 천사장 미가엘이 모세의 시체에 대하여 마귀와 다투었다는 내용, 유14-15 아담의 칠대손 에녹이 예언했다는 내용, 또한 히1:14에 모든 천사들은 구원받을 사람들을 위해 섬기라고 보내셨다는 내용 등 그 외에도 성경에는 전통적인 기독교 교리로는 쉽게 해석할 수 없는 특이한 말씀들이있다. 이러한 내용은 여러 외경(70인경에 포함되어 있는)이나 위경의 하나인「에녹서」, 그리고「모세의 승천」등과 같은 책에 영향을 받은 것으로 성경 학자들은 해석을 한다.

또한 어떤 면에서 극단적인 내용도 있다. 예를 들면, 구약성경 삿11:30-40에는 이스라엘의 사사 입다가 암몬 자손과 전쟁에서 승전하여 돌아와서는 하나님께 서원한 대로 자신의 딸을 번제로 드렸다는 내용이 있다. 이는 명확이 이교도들이 행했던 인신제사(人身祭祀)를 의미하는 것으로 성경에 기록될 수 없는 내용이다. 그래서 전통적인 기독교 에서는 이러한 내용들을 "난해구절"로 분류하고 억지해석을 피하고 있다. 이처럼 난해구절 내용이 있음에도 그 전체 내용을 성경으로 받아들이고 있는 이유는 극히 적은 부분의 난해 구절로 다른 전체 성경의 내용을 평가하지 않았기 때문이다. 다른 말로는 단순한 교리로 성경을 편집한 것이 아니라 더 깊은 종교적 관점이 반영되었다는 말이다.

그뿐만 아니라 성경에는 수많은 신비적인 내용이 있다. 예를 들면, 구약의 족장들이나 선지자 들이 꾸었던 꿈 얘기, 그들이 보았던 신비한 환상, 고대인들이나 선지자들의 승천 얘기, 에스겔이나 다니엘의 영이 몸에서 빠져나와 다른 곳으로 여행했던 기록, 그리고 그들의 신비한 환상, 신약성경에서 사도 바울이 경험했던 천국여행, 사도요한의 천국환상(요한 계시록) 등, 헤아릴 수 없는 내용들이 포함되어 있다. 이러한 내용은 우리의 지식과 이성으로서는 전혀 이해하고 분별할 수 없는 내용이다. 오랜 세월동안 수많은 신학자들과 목회자들, 신자들이 나름대로 여러 각도로 해석하고 풀이했지만 그 진실은 시공간의 제약을 받는 우리의 육체를 벗어나 영의 세계에 정말로 들어간 후에야 그 사실을 알게 될 것이다.

다시 말해 이와 같이 성경에는 다분히 교리로 해석할 수 없는 수많은 내용이 포함되어 있으며, 그럼에도 우리는 그 전체를 성경으로 믿고 받아들이는 것이다. 이와 같이 임사체험도 교리라는 잣대로 선을 긋고 평가할 것이 아니라 영적 세계에 대한 지식의 한 부분으로 수용하는 자세를 가질 때 우리 신앙에 많은 유익을 얻을 수 있다는 뜻이다.

3. 임사체험은 경전이나 신앙의 대상처럼 여길 것이 아니라 신앙의 교훈으로 받아들이는 자세가 필요하다

그러므로 임사체험과 같은 내용은 우리의 이해의 폭을 넓히므로 우리가 받아들일 수 있다고 본다. 즉 임사체험의 대부분의 내용은 성경의 내용과 많은 면에서 일치한다. 예를 들면, 천국의 모습, 지옥의 모습, 그리고 영의 세계에 대한 내용들이 그렇다. 다만 소수의 체험자가 전통적인 기독교 교리와 상반되는 체험을 했다. 그렇다면 성경과 부합하는 내용은 수용하고 적은 부분에서 상반되는 내용은 예외로 두고 수용할 수 있다고 본다. 다시 말하지만, 진실이 밝혀질 때까지 두고 보는 것이다.

왜 이런 자세가 필요한가 하면, 극히 소수의 무신론자나, 타 종교인들이 빛 속의 하나님 같은 존재를 만나고, 혹은 지옥 같은 환경에서 부르짖어 구원받은 것 같은 경험을 한 후 그들이 소생하여 더욱 신앙적으로 변화되었다. 이러한 사실은 Kenneth Ring 박사가 말한대로 임사체험의 가장 큰 영향은 교육적 효과[287]라는 주장과 정확히 부합한다.

그리고 또 하나의 관점은, 영의 세계, 나아가서 하나님의 나라는 시간과 공간적인 개념으로 이해할 수 없지만, 지구를 넘어 은하계, 그리고 은하계를 넘어 우주, 어쩌면 우주를 넘어서까지만큼 그 넓이와 크기 그리고 다양함이 있는 세계일 것이다. 그러므로 우리의 제한된 지식과 보이는 것과 생각으로 쉽게 판단하고 정죄해서는 안 된다는 것이

---

287 Kenneth Ring. *Lessons from the Light*. (Newburyport. MA. New Page Books. 2006.) pp1-6.

다. 실제로 오늘날 세계적인 설교가나 평범한 신앙인들이 신비적인 체험을 하고 고백하는 내용을 보면, 전통적인 기독교 교리에서 수용할 수 없는 내용들이 수없이 많이 있다. 이것이 바로 영의 세계와 시공간 안에 있는 물리적인 세계와의 차이점이라는 증거이다.

4. 임사체험이 사후의 모든 것을 밝혀 주는 것이 아니다

지금까지 임사체험 연구에서 밝히는 내용들을 보면서 한 가지 중요한 의문점이 생긴다. 그것은 악의 존재와 그 근원에 대한 문제이다.

이 세상에는 일상적이고 평범한 삶이 있는가 하면 그에 더할 만큼 부조리와 고통과 슬픔, 그리고 악이 존재한다. 어떤 면에서는 행복보다는 불행이, 성공보다는 실패, 건강보다는 질병, 정의보다는 불의, 희극보다는 비극이 더 많은 것이 현실이다. 그러기에 이 세상의 모든 종교는 이러한 불행과 비극의 원인을 그 중심교리로 다룬다. 기독교에서는 악의 기원이 영의 세계에서 시작되었고 현실의 모든 악과 불행은 이러한 악한 영의 영향 때문이라는 교리를 믿고 있다.

그러나 임사체험에서는 사후에 모든 영의 세계에 대한 경험을 하면서도 그러한 악한 영과의 만남이나 그 실체에 대한 내용이 극히 적다. 일부의 연구자에 의하면 1%~8% 정도의 체험자들이 지옥과 같은 경험을 한다든지 악한 실체들을 만났다는 경우는 있었다. 그리고 일부의 연구자들은 그렇기 때문에 악한 삶을 살았던 사람들이 지옥에 가고 선한(종교적) 삶을 살았던 사람들이 천국에 가는 것이 아닌 것 같다는 견해를 내기도 했다.

이에 대해 본인은,

1) 그레이슨 박사나 롱 박사가 언급한 대로 천국 같은 경험을 한 사람보다 지옥 같은 경험을 한 사람들이 상대적으로 적은 이유는 종교적이고 개인적인 프라이버시 때문에 나쁜 경험을 한 사람들이 자신들의 경험을 나누지 않았기 때문일 것이라고 한 것이 중요한 이유라고 생각한다. 그러므로 실제로는 지옥 경험을 한 사람들의 숫자 역시 많을 것으로 추정한다. 그리고 연구자들의 경험 사례들의 대부분은 평범한 삶을 살았던 사람들이며 유독 악한 삶을 살았던 사람들이나 독재자들같이 악을 행한 사람들은 없었다.

2) 앞에서 살펴본 스베덴 보리는 그의 책 「천국과 지옥」에서 영계에 들어가는 순간 수많은 사람들이 거꾸로 하고 아래로 떨어지는 것을 보았다고 했다. 그들은 이 땅에 있을 때 지옥영의 지배를 받으며 악을 행했기 때문에 육체를 벗고 나면 더욱 악해져서 스스로 지옥으로 떨어지게 된다고 했다.[288] 그리고 많은 신앙인들이 천국과 지옥을 경험한 간증을 하는 사례들의 내용 중에도 많은 숫자의 기독교인들조차도 지옥에 있는 것을 보았다는 증언들을 볼 때 천국과 같은 경험 못지않게 많은 수의 임사체험자들 역시 지옥과 같은 경험을 할 것이라 짐작할 수 있다.

3) 또 하나 기독교적 관점에서 평가한다면 체험자들이 만났던 신적 존재 내지는 하나님은 이 땅의 현실의 삶이나 세상에 대해서는 전혀 무관하며 그 영향력을 끼치고 있지 않고 분리된 존재처럼 묘사

---

288   임마누엘 스베덴 보리. 천국과 지옥. 김은경 역. (서울. 다지리. 2009) pp507-511.

되고 있다는 사실이다. 그러나 기독교의 하나님은 영의 세계뿐 아니라 물리적 세계나 이 세상에 대해서도 절대적 주권과 통치를 행사하시는 분이시다.

이처럼 임사체험의 단편적인 내용만 가지고는 우주보다 더 방대한 영의 세계(의식)의 모든 사실을 우리가 다 알 수 없는 것이다.

5. 지금까지 우리가 함께 살펴본 것은 임사체험을 과학적으로 연구한 내용이다. 그러므로 과학을 대하는 마음으로 임사체험 연구를 수용한다면 우리의 신앙에 큰 유익이 될 뿐 아니라 오늘날과 같은 과학의 시대에 우리의 신앙을 증험하는 또 하나의 수단이 될 것이다

현대과학은 신앙과 대립되는 증거들로 신앙을 약화시키거나 무용하게 만들 수도 있는 반면 다른 측면에서는 오히려 성경의 진리들을 증명하는 도구로 쓰일 수도 있다. 그런 면에서 임사체험을 단순한 일화로 보기 보다는 수십 년 동안 세계적인 석학들이나 전문가들이 과학적인 방법으로 연구한 그 결과는 우리의 신앙을 과학적으로 입증해 주는 하나의 증거가 될 것이다.

무엇보다 임사체험은 한 사람의 삶을 극적으로 변화시키는 동기가 되며, 체험 후 무신론자는 신앙인으로, 그리고 신앙에 등한히 했던 기독교인들은 진실한 신앙으로, 또한 이기적이고 세속적인 삶을 살았던 사람들은 이타적이고 헌신적인 삶으로 변화되며, 심지어 자살을 시도했던 많은 사람들은 삶에 대한 의욕을 회복했으며, 오히려 비관적인 삶을 사는 사람들을 위한 봉사자로 변화되는 결과를 가져왔다. 그런 면에서 임사체험은 단순히 사람들의 호기심을 자극하여 영리를 목적으로 하는 메스컴의 화두로서가 아니라 신앙과 세상을 회복시키는 가장 효과적이고 고무적인 현상이라고 본다. 그러므로 일방적으로 배타적인 태도 보다는 과학적이며 합리적인 방법으로 활용하고 받아들이는 것이 광대하고 영원한 영의 세계를 이해하는 데 도움이 될 것이며, 또한 첨단 과학의 시대에 사는 그리스도인들의 보다 현명한 자세가 아닌가 생각한다.

마무리 글

  동물은 자신이 머무는 곳에 여러가지 방식으로 영역 표시를 한다. 보다 안전하고 편안하게 지내며 무엇보다 영역 내에 있는 먹잇감을 지키기 위해서일 것이다. 또한 겨울이 오기 전에 마음껏 먹이를 먹고 혹독한 겨울을 살아남기 위해 준비를 한다. 본능적으로 자신의 몸을 지키는 것이 생명을 유지하는 것임을 알고 있기 때문일 것이다.

  사람은 자신의 몸을 철저히 돌보며 관리한다. 그 이유는 몸은 생명이 깃들어 있는 집이기 때문이다. 그리고 그 몸이 편안하고 안전하게 살아가도록 일을 하고 소유를 지킨다. 몸을 위협하는 위험을 피하기 위해 적합한 환경(영역)을 만들고 또한 그것을 유지하기 위해 애쓴다.

  그렇다면 사람과 동물의 차이는 무엇일까? 사람은 이성을 기진 존재, 동물은 본능으로 사는 존재라고 흔히 우리는 말한다. 그러면 이성은 어디에 근거해 있는가? 분명 이성은 의식에 근거해 있다. 그런데 동물도 의식이 있다. 본능은 의식에 기반해서 작용하기 때문이다. 그렇다면 동물의 의식과 사람의 의식의 차이는 무엇일까? 지금까지 살펴본 의식연구 전문가들의 의견을 근거로 우리는 이렇게 정리할 수 있을 것이다.

　동물의 의식은 자신과 자신의 몸 안에 갇혀 있지만, 사람의 의식은 자신을 넘어 다른 존재에게로, 또한 현실을 넘어 미래로, 그리고 지구를 넘어 우주로, 뿐아니라 물리적 세계를 넘어 신의 영역에로 확장되는 의식이라고….

　우리는 여기서 심오한 진리를 깨닫는다. 이러한 확장되는 인간의 의식은 결코 육체 안에 갇혀서 육체와 함께 소멸되는 것이 아니라 육체를 초월해서 존재하며, 더 나아가 창조주의 의식과 합일을 이루는 존재라는 사실이다.

　「나는 천국을 보았다」의 저자인 이븐 알렉산더 박사는 보다 과학적인 표현으로 사람을 묘사했다.

　사람으로서 우리는 누구인가? 우리는 범우주적 존재이다. 바닷물이 문자 그대로 우리 혈관을 타고 스며든다. 왜냐하면 피는 기본적으로 소금물과 동일하고 동물로서 우리의 육체는 그것으로부터 발전한 것이기 때문이다. 마찬가지로 우리 뼈를 구성하는 칼슘원자와 우리 몸의 18%를 차지하는 탄소는 수십억 년 전 고대 행성의 중심에서 생성된 것이다. 그 행성이 추락해서 백색외성이 되고, 초신성으로 다시 폭발하고, 그 원자들을 우주에 뿌리고, 우주에서 다른 복잡한 원소들과 만나 지구 같은 행성은 물론, 그 행성에서 살아 움직이는 모든 생명체의 육체를 만든다. 그러나 우리는 또한 영적 존재이며 천국의 계승자들이다. 아리스토텔레스의 관점에 따라 밖에서 보면 우리는 흙으로 빚어졌다. 그러나 플라톤의 입교 의식의 관점에 따라 안에서 보면 10세기 페르시아의 신비주의자가 천국의 흙이라고 불렀던 하늘의 점토로 빚어졌다. … 우리는 천국의 관점에서 그는 이 시대 최고의 과학자요 신경외과 의사였지만 육체 너머의 세계를 여행한 후 더 이상 과학자의 자리에 머물러 있을 수 없었다. 그는 이제 신비와 과학을 접목하는 연구가요 활동가가 되었다. 참으로 조화될 수 없는 두 영역의 합일을 시도하는 사람이 된 것이다. 그리고 그는 말하기를, 죽음은 결코 끝이 아니며 두려움의 대상도 아니며 죽음 너머는 아름답고, 평온하며 위로와 사랑이 있는 삶이 있다고 했다.

그런데 사람으로서 우리는 누구도 예외 없이 죽음을 두려워한다. 성경은 죽기가 무서워서 일생에 매여 종노릇(히2:15) 하는 것이 인생이라고 원색적으로 묘사를 하고 있다. 그렇다면 그 이유가 무엇일까?

그것은 우리의 뇌가 그렇게 알려 주고, 느끼게 하고 두려움을 갖게 만들기 때문이다.

2천 년 전 의학의 아버지 히포크라테스는 그의 에세이 「병의 비밀」에서 뇌는 의식의 전달자요 해설자이다. 라고 했고, 미국의 심리학자요 철학자로서 하버드 대학에서 최초로 심리학 강의를 개설했던 윌리엄 제임스(William James, 1842-1910)는 인간의 뇌는 외부(마음 혹은 의식, 영혼)에서 오는 육체적이지 않은 정보들을 신체적으로 이해하고 인지하고 감지할 수 있도록 변환하는 역할을 하는 벨브와 같은 것이라고 했다.[290] 다시 말해, 우리가 생각의 근원이라고 알고 있는 뇌는 생각의 발상지가 아니라,

289   이븐 알렉산더. *나는 천국을 보았다. 두번째 이야기*. Ibid. pp121, 139.

290   Larry Dossey. *One Mind*. (Carlsbad. CA. Hay House. 2013) p81.

육체를 갖고 시공간 안에 살아가는 우리에게 그 육체를 잘 보존하게 하기 위한 정보만을 전달해 주는 기관이며, 그렇기 때문에 죽음의 의미도 본질 보다는 육체의 생명을 보존하도록 확대된 의미를 우리에게 각인시킨다는 것이다.

그러므로 우리는 더 이상 뇌라는 필터를 거쳐 들어오는 정보만 믿지 말고 여과되지 않은 원초적인 태고의 그 소리를 들어야 한다. 성경에서는 그 소리를 "말씀"이라고 했다. 그 말씀이 천지를 창조하셨다고 했다. 그 소리가 우리 마음에 들려올 때 비로소 우리는 삶과 죽음은 결국 하나이며 경계가 없음을 알게 될 것이다.

죽음은 실체가 아니다. 다만 현상일 뿐이다. 현상이란 본질의 변화가 아니라 물리적인 변화 과정을 말하는 것이다. 사람은 물리적 몸을 초월하는 존재이기 때문에 육체적 죽음이 종말이 될 수 없는 것이다.

이것이 진실이고 사실인 이상, 이제 우리는 죽음에 대한 새로운 이해를 가질 필요가 있으며, 그럴 때 우리는 보다 안정되고 육정(肉情)에 지배되는 삶이 아니라 아름다운 흔적을 남기는 삶을 누리게 될 것이다.

지금 생각해 보면 내가 고통받았던 공황장애라는 질병은 죽음에 대한 공포가 그 원인이었다고 나는 회상한다. 그렇기에 죽음을 새롭게 이해하면서 나는 그 질병을 극복할 수 있었다.

그런데 죽음은 공포스럽고 고통스러운 것이 아니라 평안하고 아름다운 것이라고 한다면, 죽음을 쉽게 선택할 수도 있지 않을까 염려가 일어난다. 그러나 우리의 짧은 생각과는 달리 그 죽음을 경험한 수많

은 사람들은 놀랍게도 오히려 죽음 이후의 그 아름답고 행복하고 숭고
한 자신을 지키기 위해 지금 이 땅의 삶을 소중히 가꾸어야 한다는 역
설적인 교훈을 받고 그들은 지금도 그렇게 전심을 다해 살고 있다고
한다.[291]

이제 우리는, *삶은 태어나면서 시작하는 것도 아니고, 죽음으로 끝나는 것
도 아니다(Life does not begin with birth nor end with death).*[292]라는 케네스
링 박사의 명언을 기억하면서, 그 어디서도 만날 수 없는 위대한 스승
인 죽음을 오늘도 소중한 나의 친구로 삼고, 이 땅의 삶을 아름답게 가
꾸어 나가야 한다.

291　Bruce Greyson. Ibid. pp175-193.

292　Kenneth Ring. Ibid. p19.

참고서적

Bruce Greyson. *After*. (New York. ST. Martines Essential. 2021)

Edward F. Kelly, Emily Wiliams Kelly, *Irreducible Mind, Toward a Psychology for The 21st Century*. (Lanham Maryland. Rowman & Littlefield Publishers. Inc. 2007)

Even Alexander and Karen Newell. *Living in a Mindful Universe*. (Emmaus. PA. Rodale, 2017)

Jeffrey Long. *Evidence of the Afterlife*. (New York. Harper One. 2010)

Jeffrey Long. *God and Afterlife*. (New York. Harper One. 2016)

John C. Hagan III. *The Science of Near Death Experiences*. (Columbia Missouri. University of Missouri Press,2017)

John Burke. *Imagine Heaven*. (Grand Rapids, MI. Bake Book.2015)

George G. Ritchie. *Return from Tomorrow*. (Minneapolis Minnesota. Chosen Books. 2007)

Kenneth Ring. *Lessons from the Light*. (Newburyport. MA. New Page Books.2006)

Larry Dossey. *One Mind. How our individual mind is part of a greater consciousness and why it matters*. (Carlsbad, CA. Hay House, 2012)

Melvin L Morse. *Closer to the Light: Learning from Near Death Experiences of Children*. (New York, Villard Books, 1990)

Michael Sabom. *Light and Death. One Doctor's Fascinating Account of Near-Death Experiences*. (grand rapids. Michigan. Zondervan. 1998)

National Library of Medicine. Computational and Structural Biotechnology Journal. *Evidence of Quantum-Entangled higher states of Consciousness*. March

(2025)

Pim van Lommel. *Consciousness Beyond Life*. (New York. Harper One. 2010)

P. Sartori. *A Prospective Study of NDEs in an Intensive Therapy Unit*. Christian Parapsychologist 16. no2. (2004)

Raymond Moody Jr. *Life After Life*. (New York. Harper One. 2015)

Sam Parnia. *Erasing Death*. (New York. Harper One. 2013)

Sam Parnia. *Lucid Dying*. (New York. Hachette Books. 2024)

Stanford Encyclopedia of Philosophy. *Quantum Approaches to Consciousness*. Nov. (2004)

Edited by Janice Holden, Bruce Greyson. Debbie James. *The Handbook of Near Death Experiences. Thirty Years of Investigation*. (Santa Barbara. CA. Praeger. 2009)

The Encyclopedia of Religion. Vol 7. (New York. Macmillan Publishing Co. 1987)

Webster's new international dictionary. Vol I (New York. G & C Mirriam co. 1976)

Wilder Penfield. *The Mystery of the Mind, A Critical Study of Consciousness and the Human Brain*. (New Jersey. Princeton University Press. 1975)

W. Y. Evans- Wentz. *The Tibetian Book of the Death*. (London, Oxford University Press. 1971)

송정민. *양자 역학적 관점에서 해석된 물질과 의식과의 관계*. 경북대학교 과학 교육학 박사 논문. (2014)

엘리자 베스 퀴블러 로스. *사후생*. 최준식 옮김. (서울. 여해와 함께. 1996)

엘리자 베스 퀴블러 로스. *죽음과 죽어감*. 이진 옮김. (서울. 청미출판. 2018)

이븐 알렉산더. *나는 천국을 보았다*. 고미라역. (서울. 김영사. 2013)

이븐 알렉산더. *나는 천국을 보았다 두번째 이야기*. **이진 역.** (서울. 김영사. 2020)

임마누엘 스베덴 보리. *천국과 지옥*. **김은경 역.** (서울. 다지리. 2009)

다사카 히로시. *죽음은 존재하지 않는다*. **김윤영 역.** (서울. 소미미디어. 2024)

레이먼드 무디. *죽음 이토록 눈부시고 황홀한*. **배효진 역.** (서울. 서스테인. 2024)

남우현. *사후세계 설명서*. (서울. 지식나무. 2025)

유파니샤드. **임근동 역.** (서울. 을유문화사. 2024)

디팩 초프라. *죽음 이후의 삶*. **정경란 역.** (서울. 행복우물. 2007)

이만석. *철학적 혼돈을 넘어 천국의 복음으로*. (서울. CLC. 2025)

죽음을 알면

삶이 자유해진다

ⓒ 이만석, 2026

초판 1쇄 발행 2026년 4월 6일

지은이   이만석
펴낸이   이기봉
편집   좋은땅 편집팀
펴낸곳   도서출판 좋은땅
주소   서울특별시 마포구 양화로12길 26 지월드빌딩 (서교동 395-7)
전화   02)374-8616~7
팩스   02)374-8614
이메일   gworldbook@naver.com
홈페이지 www.g-world.co.kr

ISBN   979-11-388-5700-0 (03190)